里親になるための
ハンドブック

スキル・トゥ・フォスター

里親認定前研修・里親用

フォスタリングネットワーク 編

上鹿渡和宏　　御園生直美　　上村宏樹
藤林武史　　山口敬子　　三輪清子 監訳

森田由美　　門脇陽子 訳

THE SKILLS TO FOSTER
handbook

明石書店

もくじ

「里親になることについて、
時間をかけて、
真剣に考えてください。
またご家族と話し合ってください。
熟慮しないまま、
飛び込むべきではありません。
それでも、もし飛び込んだら、
人生で最良のことができるでしょう」
里親の言葉

*The Skills to Foster*へようこそ

　里親養育は、最も多様性に富み、困難もあればやりがいもある仕事です。子どもに関わる仕事は、みなそうですが、里親養育は容易な仕事ではありません。それでも、とてもやりがいがあり、子どもの人生を大きく変えることができます。

　ですから、あなたが里親になるための一歩を踏み出したことを、とてもうれしく思います。*The Skills to Foster* トレーニングコースは、里親養育の世界を紹介し、里親として必要な知識やスキルを教えます。また子どもを取り巻くチームの他の専門職と協力して活動する自信をつけます。

　里親養育の中心は子どもであり、*The Skills to Foster* でも子どもが中心です。里親養育が必要な子どもの多くは、虐待やネグレクト、トラウマを体験しています。子どもと里親の良質な関係は、子どもが幼少期の厳しい体験を克服して、潜在的な力を発揮できるようになるために不可欠なことが、研究で明らかにされています。

　トレーニングコースを進むのと並行して、このハンドブックでは学んだことを強化し、テーマを掘り下げ、里親として直面しそうな実生活の問題について、徹底的に考えることができます。

　里親には、子どもの人生を大きく変え、サポートし、潜在的な力を育て、発揮させるという、他の立場にはない機会があります。里親を希望してくださったことを、感謝しています。里親としての道のりが最高のものになりますように。

フォスタリングネットワーク

チーフ・エグゼクティブ

ケビン・ウィリアムズ

はじめに

The Skills to Foster とは？

The Skills to Foster は、イギリス屈指の里親の認定前トレーニングコースです。このコースは、里親養育に取り組むイギリスの主要な慈善団体、フォスタリングネットワークによって生み出されました。

The Skills to Foster は2003年の初版刊行以来、里親が日々の活動の土台となる確かなスキルと知識をもって、養育を始めるのを助けてきました。

第3版（本書）はこれまでの成果を土台にし、里親養育の最新の理論と実践を反映させて、安全な養育、オンラインの世界と新しいテクノロジーへの対処、行動の管理を盛り込んでいます。

ただし、トレーニングコースを修了しハンドブックを読むだけでは、初めての子どもを迎える準備が十分であるとはいえません。このコースは、里親としてのキャリアを通して継続するトレーニングと能力開発の土台になります。

> ### *The Skills to Foster* のねらい
>
> *The Skills to Foster* では、里親という仕事をする備えとして、
>
> - 里親になるとはどういうことなのか、説明を受けます。
> - 里親になることが、あなたのご家族とライフスタイルにどう影響するかを考えます。
> - 里親になることが、あなたとご家族にとって適切かどうかを判断できるようになります。
> - 里親になるにあたって、身につけるべきスキルと知識を学びます。
> - よい里親養育が子どもの人生にもたらす変化を理解します。

The Skills to Foster の構成

このトレーニングコースは、里親希望者に向けた六つのセッションで構成されています。どのセッションも必ず参加する必要があります。また里親養育には家族全員が関わりますので、お子さんのいる方のために、実子のためのセッションが別に用意されています。

The Skills to Foster のトレーナーは、『里親トレーナーのためのガイドブック』に則って進めていきます。

トレーニング・セッションの構成は以下の通りです。

1）里親は何をするのか

2）アイデンティティとライフチャンス

3）周囲との協働

4）子どもの理解と養育

5）安全な養育

6）移　行

6 a）振り返りと結び（セッション6に含めても、独立したセッションにしてもよい）

7）私の家が里親家庭になる（里親の実子対象）

　トレーニングコースの参加者は、このハンドブックを1冊ずつ入手してください。コースの リーダー（トレーナー）にも有益な内容です。このハンドブックの章はトレーニングのセッショ ンの回と対応していますが、親族里親のために、さらに1章を設けました。ハンドブックでは、 より詳しい知識を提供し、学んだことを強化し、さらに知識を深めたい人のために参考図書やリ ソースを紹介します。

　各章に、自分の時間に考えたり、家族で話し合ったりするための課題があります。この課題 は、あなたが関わる問題をよく把握し、あなたとご家族にとって里親養育が現実にどう展開する かを考えるのに役立ちます。毎回のトレーニング・セッションの終わりに、「トレーナーから家 庭での実践」という課題が出て、次回のセッションの冒頭でそれについて話し合います。

　毎回のトレーニング・セッションの後で、ハンドブックの関連する章に、2～3時間かけて取 り組むといいでしょう。

　ハンドブックではトレーニングの学びを一歩進めるので、各章の冒頭にある目標は、トレーニ ング・セッションの目標と多少違いがあります。

　このハンドブックは、認定の前からアセスメントを経て、里親1年目に入るまで、参考資料と して役立つでしょう。

　The Skills to Foster トレーニングは、通常、里親のアセスメントと並行して、またその一環と して行われます。アセスメントを担当するソーシャルワーカーは、アセスメントがどのように行 われるのか、トレーナーがアセスメントに関わるのかどうか、またどのように関わるのかを、明 確に説明しなければなりません。

親族里親

以前から知っているつながりのある子どものために、里親を希望した人もいるでしょう。

親族里親にとっても、やはり、*The Skills to Foster* トレーニングは重要です。他の里親と同じ責任を負い、同じような困難にぶつかるからです。ただし、親族里親の場合、いくつか異なる面もあります。より単純な面もあれば、より複雑な面もあります。トレーニング・セッションの過程で、それについて考える機会があるでしょう。

ハンドブックの第7章は、親族里親としてアセスメントを受ける人が、とくに意識すべき事柄について考えるために、特別に執筆されています。

理論と用語

The Skills to Foster では、四つの理論的アプローチを紹介します。それは児童発達理論、アタッチメント理論、社会的学習理論、社会教育学です。このコースではそれぞれの理論を詳しく学ぶ時間はありませんが、里親として認定された後で、スキルと知識の向上のために、理論を深く学ぶ機会があるでしょう。

それぞれの理論は重視する点やアプローチの違いこそあれ、どの理論も里親と子どもの関係が最も大切であり、里親の行動が子どもにとって大きな意味をもつことを強調しています。

The Skills to Foster トレーニングが進むにつれ、あまり馴染みのない、里親養育の領域に特有な用語に遭遇するでしょう。詳しい説明が必要なときは、コースのリーダーかアセスメントを担当するソーシャルワーカーに遠慮なく質問してください。

ぜひこのコースを楽しんでくださいますように！

The Skills to Foster チーム

里親養育のトレーニング、支援、人材育成の基準（イングランド）

　里親養育のトレーニング、支援、人材育成の基準は、ソーシャルケア領域の職員の就職基準を土台にしており、里親は子どもに関わる仕事をする人と見なされます。この基準は、里親のニーズを満たし、自宅で子どもを養育するという独特の役割を反映して、手直しされています。里親については、七つの基準が盛り込まれています。

1）子どもおよび若者（18歳まで）の里親養育において不可欠な原則と価値観を理解している。

2）里親としての役割を理解している。

3）健康、安全、健康管理について理解している。

4）効果的なコミュニケーションのやり方をわかっている。

5）子どもおよび若者の発達を理解している。

6）子どもおよび若者の安全を守る。

7）自己開発に努めている。

謝　辞

フォスタリングネットワークは、*The Skills to Foster* 第3版に貢献したすべての関係者、またその土台である初版と第2版の関係者に感謝いたします。

The Skills to Foster は、2003年に初めて刊行されました（*Choosing to Foster* の後継）。2009年刊行の第2版では、内容の約40％を新しくし、里親希望者がイングランドの**トレーニング、支援、人材育成の基準**（当時は子ども関連職人材開発評議会［Children's Workforce Development Council］が監督）のエビデンスを提出できるように、*Record and Resource Book* の改訂版を掲載しました。

2013年初頭、フォスタリングネットワークは、*The Skills to Foster* を再検討するコンサルテーション・フォーカスグループのメンバーとして、イギリス全国の公的機関と民間フォスタリング機関を招待しました。このような重要な更新には、里親養育トレーニングの現場の関係者が関わることが不可欠と考えたからです。以下のサービス機関の参加がありました。

- **イングランド**：バーナードスのウエストミッドランド支部, バース・アンド・ノース・イースト・サマセット評議会、ファミリーズ・フォスタリング、ストックポート・メトロポリタン・バラ評議会、ウォルヴァーハンプトン・シティ評議会
- **スコットランド**：ノース・エアシャー評議会
- **ウェールズ**：ブリッジエンド・カウンティ・バラ評議会
- **北アイルランド**：キンダーケア

コンサルテーション・フォーカスグループのフィードバックと、その他の調査活動、そしてフォスタリングネットワークの里親やサービス機関との緊密な協力の経験から生まれたのが、*The Skills to Foster* 第3版（本書）です。

また専門家の著者（キャロライン・ベンゴ、ダグ・ローソン、ジル・バーン、ジャッキー・スレード、キャシー・ブラッケビー）とフォスタリングネットワークのチームが協力して、新しい『**里親トレーナーのためのガイドブック**』と『**里親になるためのハンドブック**』を作成しました。2014年2月には、以下のサービス機関で、これらを試行しました。

- **イングランド**：バーナードスのウエストミッドランド支部、ファミリーズ・フォスタリング、ウィルトシャー評議会、ウォルヴァーハンプトン・シティ評議会
- **スコットランド**：ノース・エアシャー評議会
- **ウェールズ**：ブリッジエンド・カウンティ・バラ評議会
- **北アイルランド**：キンダーケア

　コンサルテーション・グループとトレーニングコースの試行に関わったすべてのサービス機関、トレーナー、参加者の洞察に満ちた多くのフィードバックに感謝いたします。

　またピア・レビューの貴重なご意見にも、お礼を申し上げます。イーストアングリア大学子ども家族研究センターのソーシャルワーク学科長であるジリアン・スコフィールド教授、ロンドン大学教育研究所社会教育学理解センターのパット・ペトリー教授、ケンブリッジ大学／NIHR CLAHRC イースト・オブ・イングランドのリサーチ・アソシエイトであるバレリー・ダンにご協力いただきました。

　The Skills to Foster トレーニングの教材動画は、すべて新作です。制作会社ゼッテラー・アンド・ダンとフォスタリングネットワークチームが制作しました。里親になる準備をする人々を励まし支援しようとして、この動画に出演しインタビューに応じてくださった里親とその実子、里子の子どもたちや若者、ソーシャルワーカーに深く感謝いたします。

　フォスタリングネットワークの多くのスタッフが第3版の作成に携わりました。とくに、アンドリュー・ウォーカー、クリスティーナ・ネルソン、デイジー・メイ・ジェームズ、ダイアン・ヒース、フリーダ・ルイス、ジョアンナ・アダンデ、ジュディ・ベル、リジー・ネルソン、キャスリーン・トーナー、ルーシー・ピーク、ルイーズ・ホーン、マーガレット・ケリー、マリア・ボフィー、ニキ・グレッグ、サラ・ルーリー、サラ・マッケンヒル、サラ・モベジ、サブ・ジャグパル、ヘレン・キーニー、ロバート・タプスフィールドに感謝します。

第1章

里親は何をするのか

「里親について
聞かれたときは、
いつもこう答えています。
こんなにすてきな、
やりがいのあることはありません。
子どもの人生を変えられるという、
大きな特権があるのですから」

里親
(The Fostering Network 2013)

はじめに

　里親になることが、あなたとあなたの家族にとって適切かどうか確信を得るためにも、まず里親の役割について、できるだけよく知ることが大切です。

　The Skills to Foster トレーニングコースの第1回のセッションでは、トレーニング期間中、また里親として活動するときに考えることが求められる主要なテーマを扱います。

　本章では、以下について理解を深めていきます。
- 里親の役割と責任
- 子どもが実家族から離れて養育されなければならない理由
- 子どもの発達

里親とは何か

　里親養育とは、実親が子どもを養育できないときに、家庭の環境で子どもを預かり育てることです。里親養育は安心で、安全で、安定した環境を提供し、子どもが健全に発達して実りある人生を送れるようにサポートします。里親養育の期間は、それぞれの子どものニーズに応じて、数時間のこともあれば何年にもわたることもあります。

　この章では、なぜ里親養育が重要なのか、里親はどのように活動し、何をするのかについて、詳しく見ていきます。

重要で貴重な養育の場

　イギリスでは、実親家庭から離れて養育される子どものおよそ5分の4が、里親養育を受けています。多くの子どもは、里親の養育を好ましく感じていることが、調査で明らかになっています。ある調査（Farmer et al, 2007）では、里親家庭での生活をどう感じているかという質問に対し、85％の子どもが笑顔のマークをチェックしました。

　子どもたちは、里親のことが好きで、家族の一員として扱われ、愛されているのがうれしいと報告しています。

> 「家の人は、とても愛してくれるし、やさしくしてくれます。家族の一員だという気持ちにさせてくれます」
>
> 「僕たちを大切にしてくれる。だから大好き。もう、どこにも行きたくない！」

　子どもたちは多くの場合、里親養育によって落ち着きを取り戻し、安全になったと感じ、家庭環境で養育されることを喜んでいます。里親との生活について思うことを三つあげてくださいという質問には、こんな言葉が返ってきました。

「幸せな家族」

「落ち着ける家」

「本気で心配してくれる」

「自由がある」

「おいしいご飯」

「本当の子どものように育て、公平に扱ってくれる」

「安心できる家があって、愛のある落ち着いた家で生活できること──愛されている」

（Who Cares? Scotland 2012）

里親養育の中心となる原則と価値観

　一般に、里親養育では子どもの福祉を何よりも重視し、子どもが才能やスキルを磨いて活躍できる大人になるように支援し、子どもの願いに耳を傾け、固有のニーズのある個人として子どもを扱うべきと考えられています。

親のようであるが、実親とまったく同じではない

> 「子どもに提供するのは、普通の家庭です。愛し合う親がいて、誰かと家を共有する心の準備をした3人の子どもたちのいる家庭……多くの場合、子どもたちは一般的ではない環境で生活してきて、普通の家庭というものを経験していないのです」
>
> 里親（Schofield et al, 2012）

　里親養育は、親になることに似て非なるものと言えます。

　里親は生みの親に取って代わるわけではありません。それでも、乳幼児期から思春期まで、養

育のさまざまな面で良い「親としての役割」を果たします。里親の難しい役割の一つは、子どもが里親家庭と実親家庭での自分の役割や関係の違いを理解できるようにサポートすることです。

　里親は多くの親とは違い、分離や喪失、劇的な変化、ときには虐待やネグレクトに対する子どもの反応にも対処しなければなりません。子どもが体験した痛みを伴う出来事や感情に向き合うのは、容易なことではありません。それでも、幼くして厳しい体験をした子どもが、あなたの養育に応え、落ち着き、成長し、何かを達成し、生活を楽しむのを見るとき、大きなやりがいを感じるでしょう。

里親の種類

　一人ひとりの子どもとその家族の多様なニーズに応えるため、里親にはさまざまな種類があります。*The Skills to Foster* トレーニングで扱うケーススタディは、それを反映しています。

　実家族が子どもを養育できるようになる見通しが立たず、長期的な里親養育が必要な場合もあります。また最初に里親養育に委託されたときに、どの程度の期間になるのか、あるいは今後の養育がどうなりそうなのか、わからない場合もあります。一方、家庭の問題が解決するまでの短期間の委託で終わる子どももいます。

　あなたがどの年齢グループのどんなタイプの子ども（たとえば、身体障害[1]や知的障害のある子どもなど）を育てたいか、またうまく育てられそうかを、よく考えておく必要があります。幼児を育てるスキルとティーンエイジャーを育てるスキルは同じではありませんし、家族全体に求められるものにも違いがあります。

用語ワンポイント解説

　親族里親の場合、アセスメントでは、特定の子ども（または、子どもたち）を養育する能力に焦点をしぼります。あなたと家族の情緒的な負担とやりがいの両方を考慮する必要があります。この問題については、アセスメントを担当するソーシャルワーカーが力になってくれるでしょう。

> *The Skills to Foster* では、「子ども」は18歳未満を指します。とくに12歳を超える子どもを指すときには、「若者（young person）」を使います。

1　監訳者注：「障害」と「障がい」の表記について、基本的に診断名や制度名等については「障害」、他は「障がい」とし、両方の表記を使用しています。

里親養育にいたるまで

子どもが社会的養護にいたる理由

通常、里親養育にいたるまでには、子どもの安全が脅かされる、あるいは親が適切な養育をできないなど、いくつもの複雑で相互に関連する要因があります。

たとえば、

- 虐待
- ネグレクト
- 親の薬物乱用やアルコール乱用
- 親のメンタルヘルスの問題
- 親の病気
- ドメスティック・バイオレンス（DV）などの家庭内の対立
- 親が子どもの行動、病気、知的障害、身体的障害に対処しきれない

などです。

これらは、一つだけでも深刻な問題ですが、同時に複数の問題を抱える家庭もあります。また一口に「アルコール乱用」「メンタルヘルスの問題」と言っても、その具体的内容や意味は家庭によってさまざまです。

児童相談所の児童福祉司やフォスタリング機関[3]の職員の支援がなくても困難に対処している家庭も少なくありません。しかし、子どもの養育で助けが必要なときに頼れる人がいない人もいます。また専門的な支援がなくては解決しにくいような、とりわけ複雑な問題を抱える人もいます。

子どもが社会的養護にいたる年齢はさまざまです。イギリスの児童相談所やフォスタリング機関は、地域の状況や機関の性格に従って、多様な年齢やニーズの子ども

あなたにできそうな委託のタイプは？[2]

里親は本人のスキル、都合、好む傾向によって、さまざまなタイプの養育を提供します。以下は、最も一般的なものです。

緊急委託

短期委託

長期委託

親族里親への委託

養子縁組に向けての里親養育

自立までの養育延長

用語ワンポイント解説

「社会的養護のもとにいる子ども」とは、公的機関が養護するすべての子どもを指します。

2　監訳者注：ここに示されているタイプはイギリスのものです。日本では、養育里親、専門里親、養子縁組里親、親族里親の四つの委託タイプがあります。

3　監訳者注：日本では法改正により、2024年度以降は里親支援センターとなる機関もあります。

の里親を募集しています。民間フォスタリング機関のなかには、特定のタイプの子どもの養護を専門にしている機関もあります。

どんな人が里親になるのか

「典型的な」里親、「標準的」な里親というものはありません。それぞれの里親家庭が他にはない貴重なものをもっています。

> 誰でも、生活の他の領域で、里親養育に活かせるスキルをもっています。

里親家庭のライフステージはさまざまです。成人した子どもが同居していることもあれば、もともと子どもがいないこともあります。里親の民族、文化、宗教も、実にさまざまです。レズビアン、ゲイ、バイセクシュアル、トランスジェンダーの人もいれば、異性愛者もいます。独身の人もいれば、パートナーのいる人もいます。

里親のなかには働きながら里親をする人もいれば、里親養育に専念する人もいます。

誰でも、生活の他の領域で、里親養育に活かせるスキルをもっています。アセスメントの過程で、その人のもっているスキルや、サポートして育てるべきスキルを見つけ出します。

こうした多様性は里親養育の強みの一つで、里親によって、それぞれ違うものを子どもに提供することができます。

里親はどのようなことをするのか？

子どもを取り巻くチームの一員として

国は、社会的養護のもとにいる子どもに対して責任を負います。さまざまな公共サービスや諸団体（民間フォスタリング機関など）が、子どものニーズを満たすために協力します。

里親養育で子どもを育てるには、チームワークが必要です。里親ひとりだけで養育を行うことを求められてはいません。里親は実際的な支援やサポートを必要としますので、最善のケアを子どもに提供し、同時に自分自身の家族の世話もするのに必要な支援を求めてよいと思えることが

大切です。

　子どものニーズの複雑さに応じて、多くの人が子どもと実親に関わることがあります。これはしばしば**子どもを取り巻くチーム**と呼ばれます。里親はこのチームのすべてのメンバーと日常的に協力する必要があります。

　子どもの生活に関わるさまざまな立場の人については、*The Skills to Foster* トレーニングコースのセッション3と、このハンドブックの第3章で詳しく学びます。

子どもの実家族との協力

　どのタイプの委託の里親も、子どもの実親と協力する必要を考慮に入れなければなりません。これは里親養育のきわめて重要な側面です。

　子どもは実親とのつながりを保ちたいと強く願っていることが、調査でわかっています（Wilson et al, 2004）。たとえ離れて暮らしていても、子どもにとっては、現在も将来も生涯の家族なのです。子どもはずっと実家族を気にかけていて、心配しています。

　複数の家庭に所属し、そのために複雑な感情を抱く子どもを、里親はサポートしなければなりません。また子どもの最善の利益にかなう限り、子どもが実家族と連絡をとる手助けをする必要があります。これを「交流」と言い、里親養育の重要な側面です。交流については、*The Skills to Foster* トレーニングコースのセッション3とこのハンドブックの第3章で詳しく扱います。

　経験豊かな里親のなかには、実親にかなり密接に協力する人もいます。たとえば、子どもが実家に戻るときに備えて、実親が子育てのスキルを身につけるのを手助けしたり、実家族が子どもを安全に育てるのに支援が必要かどうかの評価を助けたりします。

自分の家族やサポートネットワークとの協力

　里親養育は、認定された里親だけではなく家族全員が関わります。里親になると、家族のライフスタイルが変わります。同居しているお子さんがいる場合、今後の変化に備えて、お子さんが *The Skills to Foster* トレーニングのセッション7に参加することをお勧めします。

　里親養育は労力を要する仕事で、精神的ストレスがかかることもあります。だから、友人や家族の強力なサポートネットワークと、自分をケアする時間をもつことが、とても大切です。学習や人材育成プログラムも有益です（23ページ参照）。

「里親さんを通して、
別の生き方があることが、
少しわかったんです……
あの家で暮らせたのは、
とてもラッキーでした」
子ども（10代、男子）
（The Fostering Network, 2013）

書類作成の目的[4]

　どんな仕事でもそうですが、里親養育でも養育する子どもとその成長について、最新の正確な記録をつける作業があります。子どもが必要なケアを受けられるように、情報を記録し、養育のすべての関係者に伝えることが大切です。

アセスメント、契約、プラン

　里親を希望する人はみな、家族を含めて、徹底した**アセスメント**を受ける必要があります。児童相談所やフォスタリング機関はアセスメントを通して、子どもが安全で良好な養育を受けられるかどうかを確認します。また里親養育をすることが、家族全員にとって適切な選択かどうかを確かめることも重要です。アセスメントの詳細情報は、子どもを最もふさわしい里親とマッチングするためにも役立ちます。

　里親として認定されたら、養育できる子どもの人数、年齢、ジェンダーなどを確認されます。子どもを里親に委託するにあたっては、里親の適性を定期的に見直すシステムをはじめとして、児童相談所やフォスタリング機関によるスーパービジョン（助言）と支援が規定によって定められています。

　一人ひとりの子どもに対して、自立支援計画が用意されます。このプランは、子どものニーズとそれを満たす方法を規定する重要な作業文書です。子どもを担当する児童福祉司は、子どもを取り巻くチームの専門職全員と、必要に応じて子どもとその家族の意見を踏まえて、プランを作成します。

　子どもを里親に委託するにあたっては、必ず**自立支援計画**で合意をします。自立支援計画は、委託の理由、各自の役割と責任、交流の取り決め、その他、委託開始時点で合意すべき問題を扱います。

　里親に委託した子どもに対する公的機関の責任（ソーシャルワーカーが子どもを訪問する頻度など）についても、規定があります。

　The Skills to Foster トレーニングを進めるうちに、以上のことについて、もっと詳しく学べるでしょう。

　4　監訳者注：書類作成については、日本では日常的な記録作成は必須ではありませんが、自立支援計画の作成において、記録が重要となることもあります。

学習と人材育成プログラム

　どんな専門職でも、自分の仕事を振り返り、スキルを高め、専門領域の新しい展開についていくためには、トレーニングが必要です。里親はスキルをもつ専門職グループの大切なメンバーですが、やはりトレーニングが必要であり、トレーニングから有益なものを得ることができます。

　児童相談所やフォスタリング機関は、認定した里親に研修を提供する義務があり、すべての里親は学習と人材育成の機会を活用することを期待されています。

> 「研修やトレーニングを受けることは絶対、必要です。里親養育は責任を伴うものですから。でも心から好きでやっていることです。とてもハードですが、それに勝るやりがいがあるのです」
> 　　　　　　　　　　　　　　　　　　　　　　　　　里親（The Scottish Government, 2007）

子どもの声に耳を傾ける

　質のよい安定した里親養育の要は、里親と子どもの関係性です。子どもは里親との関係を通して身体的、情緒的、社会的に成長します。人を信頼しコミュニケーションをすることを学び、その子ならではの強みや資質を向上させ、自分のアイデンティティを理解し発展させていきます。

　里親養育の成功例の研究からわかったことの一つは、子どもの希望や気持ちに耳を傾けることの大切さです（Sinclair, 2005）。子どもの安全を守るためにも、子どもを傷つけようとする大人や子ども本人の行動のリスクによる被害を防ぐためにも、それが役立ちます。

　ある調査（The Care Inquiry, 2013a）で、望ましい関係についての子どもの考えを聞いたところ、次のような人が高く評価されていました。

- いつも、そばにいてくれる。
- ありのままの自分を愛し、受け入れ、尊重してくれる。

用語ワンポイント解説

委託権限とは、子どもの日常生活にまつわる判断の一部（友だちの家に泊まってよいか、髪を切るかなど）を里親に委ねることです。それ以外の判断は、ソーシャルワーカーやその上司、実親の権限が必要になることがあります。一人ひとりの子どもに対して、取り決めがなされます。

- 自分に期待をかけ、成功するために力になってくれる。
- よいときも悪いときもずっとそばにいてくれる。
- 自分のために労を惜しまない。
- 子ども時代を過ぎて大人になっても、家族の一員、人生の一員として接してくれる。

何よりも、子どもは本人の生活に関わる決定に参加し、意見を聞いてもらうことを望んでいます（The Care Inquiry, 2013a）。

里親であるあなたは、子どもが自分の希望や気持ちを十分に表現できるよう、温かく育むような関係を築くことができるという特別な立場にいます。

「特別感のない」家庭生活を作り出す

子どもの意見を調査すると、共通のテーマが浮かび上がってきます。子どもは固有のニーズを抱える個人である一方、里親養育に「普通の」家庭生活を期待し、特別扱いされたくないと思っています。とくに里親の実子と同じように扱われることを望んでいます。

委託された子どもは、他の子どもと同じようにお泊りに行き、好みのヘアスタイルにして、Facebookのアカウントや携帯電話をもち、友だちに会いたいと願っています。自分のプライバシーを守ってほしいと思っていることもあります。

以前、里親家庭での生活は、さまざまな判断に時間がかかるために、仲間から浮いて、チャンスを逃してしまうと感じる子どももいました。近年、日常生活にまつわる判断の権限を里親に委ねようとする動きがあります。これを**委託権限**と言います。

里親家庭における子どもの発達

里親養育では、子どもの発達についての知識が大変重要です。*The Skills to Foster* トレーニングのセッション1では、発達について考える時間があります。

発達について学ぶと、子どもへの理解が深まります。子どものすべての行動は発達と関連がありますが、社会的養護のもとにいる子どもの場合、虐待やネグレクト、アタッチメントの質、分離、喪失などが影響するので、さらに複雑かもしれません。

どの年齢でも、どの段階でも、子どもの発達には幅があり多様性があります。子どもは一人ひとり違いがあり、その子なりのペースで発達し、それぞれに強みがあり資質があります。

発達は、典型的な年齢と段階（乳児期からティーンエイジまで：次ページのボックスを参照）の観点からだけではなく、発達の「側面」という観点からも考えるとよいでしょう。発達にはさまざまな「タイプ」があり、ある領域では期待される目安を満たしていても、他の領域では遅れていることがあります。社会的養護のもとにいる子どもの場合、里親養育にいたるまでの体験が発達過程のすべてに影響を与えているので、こうした側面を見ることはとくに大切です。

> **用語ワンポイント解説**
>
> **アタッチメント**は、自分を世話してくれる人との情緒的な絆です。このアタッチメントの質が、子どもの情緒的・身体的発達や行動に影響を与えます。

子どもの発達のニーズについて、研究者は七つの側面を定義しています（Parker et al, 1991）。

- **健康**：子どもの身体的・精神的健康およびその成長と発達
- **教育**：誕生時から始まるあらゆる領域の知的発達
- **感情と行動**：最初は自分を世話してくれる人への気持ちや行動。成長につれて、その他の人々への気持ちや行動へと広がる。
- **アイデンティティ**：徐々に発達する自己感覚（自己イメージや自尊心）
- **家族や仲間との関係**：世話をしてくれる人やきょうだいとの愛情のある安定した関係の形成、仲間との年齢相応の友情の形成。
- **セルフケアのスキル**：自立性を高めるスキルの発達。ひとりで服を着る、食べるなど。後年には独立して生活するスキル。
- **社会的体裁**（社会に向けて自分をどう見せるか）：外の世界では（オンラインの世界を含む）、外見やパーソナリティ、行動によって認識されることを、だんだん理解していく。

この発達の七つの側面は、子どもを取り巻くチームのすべての関係者が、子どもの成長の様子や、発達のニーズを満たすために何をやり、何をやり残しているかを確認するときに、枠組みとして役立ちます。

里親は、養育する一人ひとりの子どもについて、七つの側面の情報を必要とします。その情報は、子どもを取り巻くチームと協力しながら、子どもの発達を促し、子どもの全体像を把握するのに役立ちます。

幼少期の困難な体験が発達に与える影響

　子どもは誕生した瞬間から成長期を通して、環境に反応しながら七つの側面で発達段階を進みます。安全で温かく育むような一貫性のある養育は、赤ちゃんに人生の最良のスタートを与え、各発達段階で十分なサポートを提供します。

　たとえば、赤ちゃんと母親のやりとりを観察してみてください。互いのボディランゲージ、表情、声、タッチ（触ること）、まなざしを真似し、反応しています。母親は赤ちゃんがほしいもの、好きなもの、嫌いなもの、いつものパターン、反応がだんだんわかってきます。一方、赤ちゃんも、好きなものやほしいものを手に入れる一番よい方法、母親が好むもの、やってはいけないもの（母親が眉をひそめたり、不機嫌な声になったりするもの）がわかってきます。

　このゆるやかで穏やかなプロセスは、新しい段階の要求に適応しながら、子ども時代から思春期にかけて進んでいきます。たとえば発話と言語の発達は、1歳から本格的に始まり、会話に参加するほど、言語スキルが発達します。自分の思いを表現し、より抽象的な考えや概念も含めて、他の人の発言を理解できるようになります。

　ティーンエイジャーになると、計画、内省、合理化、抽象的思考、衝動抑制、自己調整など、さらに複雑なスキルを身につけます。これらはどれも、大人の社会で生きていくときに有用な欠かせないスキルです。この複雑な学習は、思春期の急激な体の変化と並行するので、ティーンエイジャーにとって非常に負担のかかる時期です。一部のティーンエイジャーのリスクのある行動、気分のむら、激情、混乱は、このことが一つの原因かもしれません。

発達：典型的な年齢と段階

0〜3歳
座る、はう
コップから飲む
自分のフルネームがわかり、「私・僕」を使える

4〜6歳
跳ぶ、のぼる
ひとりで着替えができる
四角や三角を真似して描く

7〜10歳
公正と運を学ぶ
ゲームでいさぎよく負けを認める
時間と空間の感覚が発達する

11〜18歳
思春期の始まり
仲間との関係が大切になる
ひとりで公共交通機関を利用できる

　子どもはさまざまな要因によって、それぞれ違うペースで発達することを忘れないでください。

ティーンエイジャーになると、計画、内省、合理化、抽象的思考、衝動抑制、自己調整など、さらに複雑なスキルを身につけます。

　社会的養護のもとにいる子どもの多くは、ほとんどの子どもにとっては当たり前な、よい刺激や温かい養育を経験していません。それは発達と行動のあらゆる面に影響します。たとえば発話と言語の発達が十分でないと、自分の思いを表現できなかったりします。また感情が十分に発達していないと、自分や他人の感情や気持ちを認識し理解することができないことがあります。自分の気持ちや考えを認識して伝えることができない子どもは、苦痛やフラストレーションを抱えやすく、その感情が爆発すると、攻撃、敵対、望ましくない行動を引き起こします。

　社会的養護のもとにいる子どもは、普通に学校に通う、他の子どもと遊ぶ、大人に物語を読んでもらうといったことや、就寝時や食事のときの習慣を経験していないことがあります。そのため、同年齢の子どもよりも知的な能力や社会的な能力の発達が遅れていることがあります。

　また領域によって、発達にむらがあるかもしれません。たとえば、ひとりで服を着るなどのセルフケアのスキルは高くて、弟や妹の面倒を見ることができても、感情をうまくコントロールできず、すぐに動揺したり怒ったりすることがあります。言語の能力は高くても、微細運動能力（手や指を使って細かい作業をする能力）は低いかもしれません。

　1990年代に、凄絶なネグレクトの環境におかれたルーマニアの孤児の痛ましい写真が新聞に載りました。この子どもたちは、健全な発達に不可欠な温かい養育や刺激をまったく与えられていませんでした。極度のネグレクトの結果として、言語、コミュニケーションのスキル、認知、感情などすべての面で発達が大きく遅れていることが、研究で明らかになりました（Kaler and Freeman, 1994）。

　さらに、脳のある部位に構造的な違いがありました。つまり、ネグレクトが脳の形状や体積を物理的に変化させていたのです。その後の研究によって、子どもが養子縁組されて新たな養育的な環境に入ると、負の影響の一部は改善に向かうことがわかりました（Rutter, 1998; Eluvathingal et al, 2006）。

　里親は子どもの人生において、きわめて重要な役割を果たすことができます。温かく育ててくれる親がいない子どもに、安定した温かい養育を提供し、好ましい影響を持続的に与えることができます。里親はすべての側面にわたって子どもの発達を促し支えるため、ここまで述べてきたことを理解する必要があります。

さらなる課題

課題1.1

　子どもを養育するのに必要と思う環境を、リストにして書き出してください。

課題1.2

　社会的養護にいたることが、子どもにどのような影響を与えるか、考えてみましょう。環境、年齢、パーソナリティの違いは、子どもの感じ方や対処の方法にどう影響するでしょうか。

課題1.3

　誰でもかつては子どもであり、とくに身近な大人の態度や行動に影響された記憶があるでしょう。今は親の立場にいる人もいるかもしれません。できるだけよい子育てをするために何をすべきか、あなたの考えを書いてください。

課題1.4

　里親に応募しようと思ったきっかけについて考え、養育したい子どものニーズに対して、何を提供できそうか、書き出してみましょう。まず、あなたはどのタイプの里親になりたいでしょうか。たとえば、

- 一人または複数の子どもを長期間、養育したいか。
- 子どもの援助方針が決まるまでの間や休息を目的とした短期間、子どもの世話をすることに関心があるか[5]。
- 養育したいのは、就学前の子どもか、それ以後の子ども、10代の子どもか。
- 特定の子どもの里親として認定されたいのか（親族里親など）。

　最後の質問に「イエス」と答えた人は、すでにその子どもについて多くを知っているはずなので、他の質問について考える必要はありません。それでも、以下の質問はやはり重要で、関連のある質問です。里親になろうとしたわけではなく、アセスメントを受ける意思はあるかと聞かれただけの人もいるかもしれません。それでも、あなたが養育したいと望む子どもに、提供できるものはたくさんあります。

　子どもに提供すべきと思っているものをリストにしてください。

　どの人生体験が、そのリストであげたものに影響したでしょうか。

5　監訳者注：一時保護を行う里親や、短期委託、乳児を受け入れる里親、ショートステイを行う里親などのことです。

アセスメントを担当するソーシャルワーカーと、あなたの答えについて話し合ってください。

課題1.5

　ご利用の児童相談所とフォスタリング機関がどんな研修プログラムを提供しているかを調べてください。児童相談所とフォスタリング機関のハンドブックやお知らせ、ウェブサイトを見てもいいですし、里親担当者[6]（ソーシャルワーカー）や、研修のスタッフ、研修を経験した里親と話すのもよいでしょう。簡単なメモを作成してください。

トレーニング・セッション1の家庭での実践

　The Skills to Foster トレーニングのセッション1を振り返って、次の質問に答えてください。特定の子どもの里親になるためにアセスメントを受けている人は、その子どもを念頭において答えてください。

1．里親の役割と責任で、最も大切なものは何だと思いますか。
2．あなたのお子さん、親族、友人と、もっと話し合うべきことが何かありますか。
3．里親として、児童相談所とフォスタリング機関やあなた自身の支援ネットワークからの、どんな支援が必要になると思いますか。
4．里親になるために、何を変える必要があると思いますか（あなた自身、家族、家庭）。

参考文献

All About Fostering
The Fostering Network

Could you foster? website
www.thefosteringnetwork.org.uk/couldyoufoster
The Fostering Network

Thinking about fostering
H Bond (2016)
CoramBAAF

6　監訳者注：具体的には、里親担当の児童福祉司、フォスタリング機関のソーシャルワーカー、里親支援専門相談員などのことです。

Foster Care: some questions answered

CoramBAAF

The Foster Carer's Handbook: for carers of children 11 years and under

Wheal, A and Mehmet, M (2006)

Russel House Publishing

Being A Foster Family

Hedi Argent (2011)

CoramBAAD

All about fostering

www.thefosteringnetwork.org.uk/advice-information/all-about-fostering

Being a foster carer

www.thefosteringnetwork.org.uk/advice-information/being-foster-carer

www.fosterline.Info/useful-links

www.gov.uk/foster-carers/becoming-a-foster-carer

■ 日本語の参考文献

相澤仁監修／澁谷昌史・伊藤嘉余子編（2021）『家庭養護のしくみと権利擁護』（シリーズ みんなで育てる家庭養護【里親・ファミリーホーム・養子縁組】）明石書店

チャールズ・A・ネルソン、ネイサン・A・フォックス、チャールズ・H・ジーナー／上鹿渡和宏・青木豊・稲葉雄二・本田秀夫・高橋恵里子・御園生直美監訳（2018）『ルーマニアの遺棄された子どもたちの発達への影響と回復への取り組み──施設養育児への里親養育による早期介入研究（BEIP）からの警鐘』明石書店

マイケル・ラターほか／上鹿渡和宏訳（2012）『イギリス・ルーマニア養子研究から社会的養護への示唆──施設から養子縁組された子どもに関する質問』福村出版

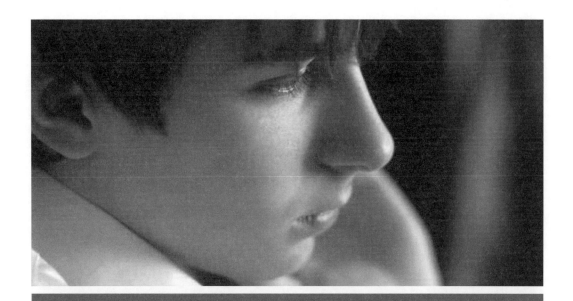

第2章

アイデンティティと
ライフチャンス

「社会的養護の対象となる
子どもの多様性と個別性を、
認識する必要があります」

(Boddy, 2013)

はじめに

　アイデンティティの感覚は、さまざまな要素で構成されています。肯定的なアイデンティティ感覚は、健全な自尊心を育て、良好な人間関係を築いて何かを成し遂げる自信を養います。

　里親のもとにいる子どもは肯定的なアイデンティティを形成するのにサポートが必要なことがあります。そして、里親はそのために重要な役割を担います。

　子どもは、障がいや性的志向、民族性、あるいは里親のもとにいる子であるという事実など、アイデンティティのさまざまな要素のゆえに差別されることがあります。里親は、子どもがそうした差別に立ち向かうように支え、必要ならば、子どもに代わってアドボケイトします。里子は人生の早期に困難な体験をしているので、ライフチャンスを広げるには、ある発達領域で特別な支援が必要になることがあります。

　たとえ不利な体験をしていても、どの子どもにも強みや才能があり、それを発見して育てることができます。しっかりと細やかな配慮をして関わる里親は、子どもが自分の可能性に気づいて、強みや資質を伸ばせるようにサポートすることができます。

　本章では、以下について理解を深めていきます。
- 子どもが肯定的なアイデンティティを形成するためのサポート
- 偏見や差別、社会的養護のもとにいることがライフチャンス[1]に与える影響
- 子どもが自分の潜在的な可能性に気づくためのサポート

　　「社会的養護のもとにいる子どもの多様性と個別性を認識し、最初の時点から、子ども時代を経て大人になるまで、彼らの個性やニーズ、制度内での移行や経験を常に考慮する必要があります」
　　　　　　　　　　　　　　　　　　　　　　　　　　　　　　　　　　　(Boddy, 2013)

1　監訳者注：人生におけるさまざまな機会に提供される選択肢の幅のことです。

アイデンティティ

　個人のアイデンティティは、その人の過去（ヘリテイジ〈受け継いだもの〉）、現在（今の自分）、将来への夢（または他人がその人に抱く夢）で構成されています。

　アイデンティティは固定的なものでありません。時とともに変化し、発展します。たとえば16歳で「ゴス[2]」にはまっても、40歳になれば、もはやこのアイデンティティに固執しないかもしれません。私たちは自分の体験や、人生の重要な人々との交流を通して、アイデンティティ感覚を形成します。とくに家族から大きな影響を受けます。青年期は、自分のアイデンティティを探し、形成する決定的な時期です。自分はどんな人間なのか、どんな人間になりたいかを見つけるために、いろいろなことを試し、自分と他者に問いかけます。

> アイデンティティは固定的なものではありません。時とともに変化し、発展します。

　たいていの人は、人生の多くのことを自分で決められます。その決断はヘリテイジとともに、アイデンティティを形成します（勉強熱心な生徒である、母親である、サッカーが大好きなど）。他人がアイデンティティの一部を取り去ろうとしたり見下したりすると、ひどく傷つくかもしれません。

　しかし、すべての人が自分のアイデンティティの重要な構成要素を、自分で決められるとは限りません。たとえば障がいがそうです。また子どもは、自分の人生をほとんどコントロールできなかった、選択する余地がなかった（とくに社会的養護のもとにいることについて）と感じていることがあります。

　ほとんどの人は「私は何者なのか」（自分についての信念の集合体）という個人的アイデンティティと、「私たちは何者なのか」（人を結びつける共通の信念の集合体）という社会的・集団的アイデンティティをもっています。ときには、この二つが対立し、自分の立ち位置を決めるのに苦悩することがあります。

　肯定的なアイデンティティ感覚は、健全な自尊心を育て、良好な人間関係を築いて何かを成し遂げる自信を養います。

2　監訳者注：ヘビメタとパンクが融合したスタイルのことです。

里子が自分のヘリテイジを理解して誇りをもち、堅固な自己感覚を形成し、将来の計画を立てて実現できるようになるために、里親はきわめて重要な役割を担います。

ヘリテイジ（受け継いだもの）

ヘリテイジとは、家庭環境から受け継いだあらゆるものを指し、アイデンティティの大きな部分を占めます。容姿、肌や髪の色、民族性、才能や能力のような家系的な資質など、前の世代から受け継いだ特徴のことです。「お父さんにそっくり」や「うちの家系は音楽好きだ」などはよく耳にすることでしょう。

用語ワンポイント解説

人種、言語、出身国や血統、宗教、文化、伝統などの一連の特徴を、しばしば**民族性**と呼びます。

家庭やライフスタイルは、実に多様です。レズビアンやゲイの人の家庭、ステップファミリー（血縁関係のない親子関係を含む家庭）、養子縁組家庭、結婚せずに同居するカップルの家庭などがあります。それぞれの家庭は共通のヘリテイジを構成する伝統、習慣、慣習、信念を次の世代に伝え、次の世代はどれを引き継ぎ、または引き継がないかを決めます。

里親のもとにいる子どもは家族や友人や馴染んだ物や場所に対して分離と喪失を体験します。このことは本人のヘリテイジの捉え方に影響します。思い出以外、過去にまつわるものをもたない子どももいるかもしれません。

名前の重要性

名前は、ヘリテイジを想起させる大切なものです。子どもの名前と、それに関連する文化や家族や歴史を尊重し、価値を認めることは重要です。

里親は子どもの名前の綴りや読み方に注意を払い、よくある名前であっても、必ず確認するべきです。

自分の名前が好きではない子どももいます。虐待する親がつけた名前だったり、親と似たような名前だったりすることもあります。本名以外に使いたい名前があるかもしれません。子どもが何と呼ばれることを望んでいるかを確認し、名前をめぐる問題があったら、子どもを担当する児

童福祉司に相談してください。

　名前を略して呼ぶことは、親しみの表れの場合も、敬意の欠如やいい加減さの表れの場合もあります。

偏見、差別、不平等

　人がどういう人生を送るか——ライフチャンス——は、偏見や差別、レイシズム（人種差別）の影響を受けることがあります。

　個人のアイデンティティを構成する要素は、他人との違いが現れる要素とまさに同じであり、偏見や差別につながることがあります。

　私たちは完全に平等な社会で生きているわけではなく、自分ではほとんど、あるいはまったくコントロールできない要因によって、人生を左右されることがあります。たとえば病弱であること、十分な教育を受けられないこと、貧困などは、その人が何を達成できるか、何を選択できるか、どの方向に進むかに影響したり制約を課したりし、困難として残り続けます。より平等な社会に生きる人のほうが、ウェルビーイング（心身の健康）や学業成績など、さまざまな面で良好であるというエビデンスがあります（Winkinson and Picketz, 2009）。

　子どもは、偏見や差別やレイシズムに由来する他人の態度や行為によって、大きく傷つくことがあります。

偏見

> 「実際に体験する前から存在する、または実際の体験に基づかない、人や物事に対する好悪の感情」
>
> (Allport, 1954)

もし、ある人について何も知らないのに、その人について何らかの結論を出すなら、それは予断を下していることになります――これが偏見です。肯定的な偏見も否定的な偏見もありますが、たいてい、物事や人物への否定的な先入観と結びついています。多くの場合、ステレオタイプが深く関わっています。

偏見はたいてい、偏狭な考えや不寛容と結びついています。偏見とは、人やグループについて本人たちとその状況を知ろうとせずに、不当に敵対的な態度をとることです。偏見は肌の色、信念体系、年齢、ジェンダー、信仰、民族、職業など、何でも根拠になります。

里親のもとにいる子どもの状況にまったく無知でありながら、偏見を抱く人は少なくありません。

偏見のある態度は不当な扱いへとつながります。これが差別です。

差別

差別は、さまざまなグループに属する人が経験します。障がいのある人、民族的マイノリティ、女性、ゲイやレズビアン、トランスジェンダー、さまざまな宗教の信者などです。差別のために、職場や住居、施設やその他のリソースの利用の面で不利につながることがあります。

里親が意識すべき、最も関連性の高い差別のタイプを説明します。

レイシズムは、肌の色、国籍、民族的出自によって、人に優劣があるという考えに基づく一種の偏見です。こうした人種的偏見は、違法な人種差別を生み出すことがあります。

多様な「人種」がいるという考えには、科学的根拠がありません。私たちはみな、同じ生物種に属し、一つの人類があるだけです。肌の色は、レイシ

> 私たちはみな、同じ生物種に属し、一つの人類があるだけです。

ズムの大きな要因です。民族的マイノリティの出身者は、しばしば差別を受けます。また宗教や文化への無知と偏見のために、見た目が多数者とは違う人がレイシズムにさらされることがあります。たとえば、イスラム教徒への偏見とイスラム教についての無知のために、白人ではないという理由だけで、レイシズムによる攻撃を受けることがあります。実際には、南アジアやアフリカの出身者がみな、イスラム教徒であるとは限りません。

レイシズムの要因は、他にもあります。たとえばウェールズでは、言語のために敵意や差別にあうことがあります。民族的マイノリティは、教育や資格、仕事、昇進、住居、健康、法制度に基づく処遇へのアクセスが、多数者と対等でないことが少なくありません。

そのつもりがなくても、人種差別をしていることもあります。出自を根拠に、誤った憶測や判断をしていることがあります。たとえば、南アジア出身の人は、家庭問題で社会福祉の支援をなかなか受けられないことがあります。「自分たちで身内の面倒を見るだろう」と思われているためです。同様に、若い黒人男性は、路上で目立ちやすいことに加え、犯罪行為に関連する憶測のせいで、暴力的な犯罪者と見なされることがあります。機会が均等でないため、影響力ある立場にマイノリティの人が少ないことが、こうした状況を悪化させています。

宗派対立による差別。宗教上の考えや実践の違いが、意図的にあるいは意図せずして、分断や不平等な関係につながることがあります。たとえば、北アイルランドとスコットランドでは、カトリックとプロテスタントの対立を招きました。こうした差別により、仕事や住居、その他の機会へのアクセスが不平等になることがあります。

障がいのある人への差別。歴史を振り返ると、身体や知的障害を示す症状のある人は、医者によって「障害（disabled）」に分類されていました。当時の医者の関心は、医療面のニーズや、できれば障害を治して、まわりの人に合わせることに向いていました。

今日では、「障がいの社会モデル」の必要性が多くの人に受け入れられています。このモデルは、社会が障壁を取り除き、障がいのある人も平等な機会があるシステムを作ることを重視します。困難の原因は障がいのある人ではなく、彼らを取り巻くおそれや無知なのです。

メンタルヘルスの問題のある人への差別。抑うつ、不安、精神病の問題は、多くの人が考えるよりも一般的なことです。4人に1人は生涯の間にメンタルヘルスの問題を経験すると推定されています。メンタルヘルスの問題を経験した人のうち、10人中約9人はスティグマや差別に直面し、雇用の機会や人間関係、肯定的なセルフイメージを形成する自信に影響が及んだと報告しています。また一般の若者の10人に1人がメンタルヘルスの問題を抱えており、社会的養護のもとにいる若者の場合はその3倍以上にのぼると推定されています。ただし、大部分の人は（子

ども、若者、成人を問わず）完全に回復するか、充実した人生を送れる程度にまで回復します。

年齢差別は、年齢を根拠とする不当な扱いのことです。職場では重大な問題であり、能力ではなく年齢によって仕事の機会を制限されたという年配者の訴訟が頻発しています。

また今日では、子どもの法的権利が認められ保護されています。世界の大部分の国の政府は、国連子どもの権利条約に署名しています。この条約では、子どもの権利の普遍的な尊重、認識、推進が求められています。

イングランド、ウェールズ、北アイルランド、スコットランドでは、子どもコミッショナー（権利擁護機関）が、子どもの意見と利益を推進するために活動しています。社会的養護のもとにいる子どもの権利は大切なものであり、里親の重要な役割の一つは、養護している子どもや若者の権利を促進し擁護することです。

性差別は性別に基づく差別で、一方の性がもう一方よりも優れているという前提が根本にあります。決定権のある上級職につく女性が男性よりも少ないのは、職場に性差別があるためです。若い女性が若い男性と同じように、自分の潜在的な力を追求し発揮するのを奨励することが重要です。

性転換は、一つのジェンダーから他のジェンダーへの移行です。一部の若者は、思春期が始まり、性的感情に目覚め、感情が発達するとともに、多くは10代で自分の性的志向（後述）やジェンダー・アイデンティティに疑問をもち始めます。彼らは孤独や恥ずかしさから、自分の気持ちや心配事を話せないことがあります。それが原因で、孤立したり抑うつになったりすることがあります。

そうした若者を養育する里親は、性転換の過程で支えとなり、レジリエンスと対処方法の形成をサポートするという、重要な役割を担います。また差別と偏見の一種である学校でのいじめから、彼らを守る必要があります。

ホモフォビア（同性愛嫌悪）と性的志向に基づくその他の差別。同性に惹かれる人もいれば、異性に惹かれる人、両方の性に惹かれる人もいます。その人の性的志向が何であろうと、他のすべての人と同じように、敬意をもって扱われ、同じ機会を与えられる法的権利があります。

> その人の性的志向が何であろうと、他のすべての人と同じように、敬意をもって扱われ、同じ機会を与えられる法的権利があります。

「初めて話した言葉は
何だったのか、
何時何分に何グラムで
生まれたのかを知りたい。
それがわからないのはつらいことだ」

里子（10代、女性）
(The Care Inquiry, 2013b)

ホモフォビアは、性的志向による差別へとつながる否定的な態度や感情です。この否定的な先入観は、非合理的なおそれや宗教的信念、制度上の偏見に根ざしています。差別や暴力行為にいたることもあります。

レズビアンやゲイの人の家庭や、レズビアンやゲイの両親をもつ子どもは、しばしばホモフォビアを体験します。それでも偏見と差別に対処する方法を身につけていることが少なくありません。

里親はホモフォビアとその影響を認識し、ホモフォビアに直面している可能性のある子どもや若者を支える力をもち、あるいは身につけるべきです。

社会的養護のもとにいる子どもへの差別。社会的養護のもとにいることは、差別禁止法の保護対象の属性に該当しません。しかし、多くの人は子どもの状況を何も知らないのに、偏見をもっています。周囲の人々の態度が、里子であることを何か恥ずべきことのように感じさせることがあります。普通の子どもとは違うと思われて、いじめられる里子もいます。

ゲイとレズビアンの里親

イギリスでは、レズビアン、ゲイ、バイセクシュアルの人が、養子縁組や里親養育をすることは合法です。ゲイやレズビアンの里親は増えていて、彼らにしかない資質や強みをもって里親委託を受けています。

レズビアンやゲイの里親は、他の委託先と同じように温かさと安心を提供することができ、同じように見なされ、彼らを必要とする子どもたちに愛情深い家庭を提供する機会が与えられるべきです。

「補導されたとき、いろんな警官に言われたよ。『きみ、社会的養護の子どもだろ。きみたちは、こういう生き方から、絶対、抜け出せないんだ。養護されてるんだろ。里子はみんな薬物をやるし、危ないことをするし、自傷するんだよ』。まるで悪者みたいに、レッテルを貼りたがるんだよね」
里子（16歳、女性）（Blades et al, 2011）

2010年の社会的養護のもとにいる子どもと若者の調査Young Mindsでは、以下の声を聞きました。「他の人が知っている里子といったら、BBCドラマのトレーシー・ビーカー[3]ぐらいなんです。『私はトレーシー・ビーカーとは違うよ』と、うんざりするぐらい何度も友だちに言いました」（Young Minds, 2010）。

3　監訳者注：ジャックリーン・ウィルソン原作のドラマのことです。

差別の影響は人によって違う

　イギリスではいろいろなグループの人が、自分たちの文化や出自のある側面は、他の側面よりも好ましく評価されるのに気づいています。たとえば、ブラック・ミュージックは高く評価されますが、黒人のとくに若い男性は求人市場では不利です。パキスタン料理は人気がありますが、イスラム教徒は悪魔と見なされることがあります。中国人のとくに女性は従業員としては歓迎されても、経営者レベルになると、いまだ少数です。

　見た目が多数者と違う人は、彼らの文化や宗教への無知や偏見によるレイシズムにさらされやすい傾向があります。イギリスの一部の地域では、肌の色が同じでも民族グループの間に緊張があります。白人グループに属していても、宗教や文化、言語や滞在資格のために、虐待や不当な差別をこうむることがあります。ロマ（移動型民族集団）、東欧出身者、難民申請者、一部のユダヤ人がそういう経験をしています。

　また人種、文化、宗教で人をひとくくりにすることはできません。たとえば、イスラム教徒、ヒンドゥー教徒、キリスト教徒というだけでは、その人のヘリテイジの多様な側面を表すことはできないのです。何より、現在のイギリスでは、両親の出身民族が違う「複雑な文化や伝統」をもつ人が、人口のかなりの比率を占めています。この比率は今後も増えていくでしょう。

　人種、宗教、国籍、文化の面で、本人が自分をどう説明するかを尊重することは、とても大切です。誰でもその人のヘリテイジの認識に従って、アイデンティティを定義する権利があります。里親は、子どもが何をアイデンティティとしているかに敏感になり、子どもがヘリテイジのすべての側面を安心して受け入れるよう励ます必要があります。

里親の役割

　さまざまな差別を禁止する法律があるとはいえ、残念ながら、差別はやはり存在します。里親は、これまであげた要因によって（おそらく他の要因によっても）、子どもが差別にあう可能性を意識する必要があります。里親には、子どもが差別を乗り越えるのを手助けするという重要な役割があります。子どもが自分なりに差別に対処する方法をすでに身につけていることもありますし、学校も重要な役割を担っているのを忘れないでください。

不平等

　偏見や差別に加え、不平等もライフチャンスに影響を与えることがあります。

　研究によると、イギリスのように所得の不平等（最高所得者と最低所得者の格差）が顕著な国で生活する人は、より平等な社会（スカンジナビア諸国など）で生活する人に比べて、さまざまな面で良好ではないようです。子どものウェルビーイングの低さ、薬物乱用の頻発、学業成績の低迷は、そのほんの一部にすぎません（Wilkinson and Pickett, 2009）。

　幼少期の逆境体験についての研究によると、ホームレス化、失業、不適切な子育て、深刻な家庭不和や経済的困難、虐待、家族のメンタルヘルスの問題などの望ましくない体験は、しばしば単独ではなく重複して発生します。また深刻な逆境を体験している若者は、メンタルヘルスの問題のリスクが上昇します（Copeland et al, 2009; Dunn et al, 2011）。マルトリートメント（不適切な養育）やネグレクトや虐待は、他の複数の問題を背景として起こり、深刻な家庭問題の指標であるという点で、専門家の意見はかなり一致しています。

　何が子どものライフチャンスに影響するかはよく知られており、逆境の多い環境で育つことが、メンタルヘルスの問題、物質やアルコールの乱用、ホームレス、学業不振、貧困、失業など、その後の人生のさまざまな悪い結果につながります。ただし、それは単純で直接的な関連性ではありません。もしそうなら、逆境で育った人はみな、人生がうまくいかないはずですが、幸いなことに、決してそうではないのです。

　またグループによって、結果や影響に差があるようです。たとえば、学業不振や停学は、特定の民族的マイノリティにとくに多く見られます。違反や停学率は男子に多く、自傷や摂食障害は女子に多く見られます。

　停学や家庭崩壊など、経験するリスク要因が増えるほど、さらに悪い結果にいたりやすくなります。研究によると、親の養育は10歳時の学業成績に関連する最も重要な要因で、10歳時の学業成績はその後の人生の業績に関連します。親の教育への関与は、貧困や学校環境や仲間よりも、重大な影響があると思われます。

社会的養護のもとにいる子どもの肯定的なアイデンティティの形成をサポートする

　里親の重要な仕事の一つは、子どもが自分のヘリテイジと現在の自分に誇りをもち、肯定的なアイデンティティを形成し、前向きな将来の夢を抱けるように手助けすることです。

　里親は、自分と子どもの背景に共通点があるかどうかに関係なく、子どもが自分のヘリテイジに自信と誇りをもつのに必要なものを与えなければなりません。

　大人としては、アイデンティティの観点から子どもにとって何が大切かは簡単に予想がつくと思うかもしれません。しかし里親は、子どものさまざまなアイデンティティを理解し、子どもにとって重要なものは何かを考えることが不可欠です。研究もそれを裏づけています。2013年に公表されたThe Care Inquiryは、実親のもとで暮らせない弱い立場の子どもに安定した永続的な家庭を提供する最善の方法を研究したものですが、報告書のなかで、子どもたちが一貫して主張していたのは、里親が彼らを一人の個人として扱うことでした。また里親が時間をかけて彼らをよく知り、彼らのあらゆるアイデンティティをじっくりと知ることを望んでいました。

> 「子どもと若者は、遠回しにではありますが、文化とアイデンティティの重要性を語っていました。彼らは心の安らぎのために、自分の居場所を感じたいのです。これは肌の色や出身国をマッチングすることほど、簡単ではありません。彼らが自分の背景をどう感じているかを、憶測するのではなく、きちんと見極めることが大切なのです」
>
> (The Care Inquiry, 2013a)

　里親のもとにいることを、アイデンティティの負の要素のように感じる子どももいるかもしれません。里親は、子どもが里親家庭に来た理由を受け入れるのを手助けし、それに関連して体験するあらゆる偏見に立ち向かえるようにサポートしなければなりません。里子になった子どもは、自分の人生はほとんどコントロールできず、選択することができず、仲間と同じ機会には恵まれないと感じていることがあるのです。

　また現代の子どもにとって大切なものは、あなたが子どもの頃に大切だったものとは、かなり違うことを覚えておきましょう。近年、デジタル技術の爆発的な進展によって、SNSやデジタル世界への参加が、子どものアイデンティティ感覚と所属感に寄与するようになりました。里親は、子どもがデジタル技術を利用し、オンラインの世界に適切に参加できるようにサポートすべきです（第5章で扱う安全な養育の重要要素）。

　一人の熱意ある里親がいることで、子どもは自信を養い、ありのままの自分に誇りをもてるようになります。肯定的なアイデンティティ感覚を育む環境で成長した子どもは、誇りと自信と健全な自尊感情を抱くようになります。それで人生の成功が保証されるわけではありませんが、子どもが前向きに成長し、夢を抱き、何かを成し遂げ、自立していくための土台になるのは確かです。これは里親の大切な役割であり、かつて拒絶され人間不信になった子どもがたくましくなり、トラウマ的な出来事に押しつぶされずに克服するようにサポートしなければなりません。

　もしあなたがそのような子どもの里親になることを考えているなら、児童相談所およびフォスタリング機関などから、一層の支援と情報を得るべきです。

子どもを家庭に迎え入れる

　里親にとって、子どもを委託される前にその子の情報を知ることが大切なように、子どもにとっても、委託先候補の里親の情報を知ることは大切です。里親は、子どもが彼らのような家庭で暮らしたことがないことや、その子が自分自身の意見をもち、まったく違う人生経験をしていることを理解する必要があります。

　情報を提供することによって、互いに頭から決めつけたり、偏見を抱いたり、子どもと里親家庭の間に壁ができたりするのを防ぐことができます。

　子どもは新しい委託先に移ることにしばしば不安になり、里親のもとへいくきっかけとなった出来事に加えて、それをつらい体験として感じることがあります（Young Minds, 2010）。

　The Skills to Foster トレーニングのセッション2では、あなたの家にやってくる子どもの立場になって、どんな情報が役に立ち助けになるかを考えます。あなたとあなたの家族、家やその子どもが使うことになる予定の部屋を写真にとって冊子にするとよいでしょう。家族紹介として、ソーシャルワーカーに活用してもらうこともできます。

　イングランドの子どもの権利ディレクターは、新しい里親家庭に落ち着くには、何が必要かと、子どもたちに質問しました（Children's Rights Director for England, 2012）。彼らの答えは、
- 引っ越す前に、これからの里親とよく知り合う。
- 里親家庭が親しみやすく里親が温かく迎えてくれる。
- 自分の持ち物を持ち込める。
- ルールがはっきりしている——何をしてよいか、いけないか。

「（家とは）自分の部屋を
好きなように飾れるところ……
あちこち回って
すてきなカーテンを探し、
自分で色を塗りました……
そうしないと、
他人の家に住んでいることを
思い出してしまうんです」

里子（10代、女性）
(The Care Inquiry, 2013b)

- よいユーモアの感覚。
- 家族の一員だと感じさせてくれる。
- 好きな食べ物や慣れた食べ物を考えてくれる。

2008年、フォスタリングネットワークは、「忘れられた声」（Forgotten Voices）プロジェクトで、里親のもとにいる若者の思いや考え、気持ちについて調査しました（The Fostering Network, 2008）。ある子どもは、初めて里親に会ったときのことを次のように話しています。

> 「もうすぐ私の新しい家になる、その家の戸口に近づいたときのことを覚えています。私のすぐ横に母、反対側に叔父、そして担当のソーシャルワーカーさんが前を歩いていました。また涙があふれてきました。興奮で赤くなった頬を、冷たい涙が伝って、ポタポタと落ちていきました。母は離すものかと言わんばかりに、私の手をギュッと握りました。ソーシャルワーカーさんがベルを鳴らすと、感じのよさそうな男の人がすぐにドアを開けて、どうぞお入りくださいと言いました。甘い香りを覚えています。温かくて、家庭的な雰囲気の匂いでした。
>
> それから淡いピンクのソファに座りました。私は腰を落ち着けるのが怖くて、端のほうに浅く座っていました。言葉を交わし始めたところで、台所みたいなところから、女の人が温かい微笑みを浮かべて出てきました。それから自己紹介してくれました」

子どものライフチャンスを広げる

社会的養護のもとにいる子どもと他の子どもでは、さまざまな成果の面で、やはり差があります。それには多くのことが関係しています。委託先が変更になると転校しなければならなくなり、教育がいったん途切れます。学業をはじめとして生活のさまざまな面で集中することができなくなるのは、無理もないことです。

何より、社会的養護のもとにいる子どもは同年代の子どものように夢を抱くことができず、成功への励ましや支援を十分に得られなかった場合が多いのです。

里親は、若者がさまざまな形で潜在的な力を発揮するのを後押しする、きわめて重要な役割を担います。

アドボケイト（代弁者）になる

　アドボケイトとは、子どもに寄り添い、子どもが自分の意見を表明して自分の望む公正さやアクションを実現できるように手助けをする人です。子どもが自分では主張できないと思っているときに、サポートをする方法を探すこともよくあります。またあるときには、子どもの主張を代弁したり、大人の視点から主張すべきことを加えたりすることもあります。子どもの頼りになるアドボケイトになるには、子どもの話に常に注意深く耳を傾ける必要があります。子どもたちは、安心するためには、まず話を聞いてほしいと願っています。

レジリエンス（回復力）の形成

　子どもの発達は、海をわたるヨットになぞらえることができます。天候がよければ順調に進みますが、嵐にあうと、風と波にあおられて針路から逸れたり、破損したりします。針路をはずれて、二度と戻ってこないかもしれないし、穏やかな海にたどり着けることもあります。

　ヨットにレジリエンスがあれば、嵐を乗り越えることができるように、子どもにレジリエンスがあれば、人生がもたらす逆境を乗り越えることができます。

　里親は、子どものレジリエンスの形成に重要な役割を担います（レジリエンスについては、第4章で詳しく扱います）。

発達の各側面に焦点を当てる

　ハンドブックの第1章で、子どもの発達の七つの側面について取り上げました。里親と子どもを取り巻くチームは、里子のライフチャンスを広げようとする際に、それぞれの側面に焦点を当てて考えるとよいでしょう。

　以下では、里親がそれぞれ七つの側面について、実行できることをあげました（教育と健康については、とくに詳しく述べていますが、どの側面も大切です）。

健　康
　社会的養護のもとにいる子どもは同年代の子どもに比べて、身体的・精神的健康が損なわれて

いることが少なくありません。教育が中断して、学校で健康を増進する活動に参加する機会を逃しているかもしれませんし、委託先の変更で、他の子どものような持続的な健康管理ができなかった可能性もあります。

> 社会的養護のもとにいる子どもは同年代の子どもに比べて、身体的・精神的健康の面で損なわれることが少なくありません。

里親は子どもの身体的健康の増進のために、以下のことができます。

- 定期的に健康診断や、眼科や歯科の検診を受けさせる。
- 障がいや特別なニーズのある子どもは、自分のケアについて意見を言ったり、成人向けサービスや自立への移行期間は、必要な健康管理を注意深く行えるよう特に配慮する。
- 子どもの予防接種や健康診断を受け記録を残し、忘れずに更新する。
- 子どもが必要なサービスを受けるため、子どもの代弁をする。

また里親は子どものメンタルヘルスを支え、必要に応じて適切なケアを受けるように促し、後押しします。メンタルヘルスの問題を抱える子どもを育てる里親のために、地域で関連の研修などの支援があるか児童福祉司やフォスタリング機関の担当者に相談してみましょう。親自身も、子どもがこうした困難に対処できるように可能な限りのサポートをして、問題のエスカレートを防ぎます。

何がメンタルヘルスの向上に役立つかを、里親のもとにいる若者に質問すると、以下をあげてくれました。

- 安全だと感じること——身体的にも精神的にも。
- 自分が選んだ大人と、秘密を前提にして話せる。
- スポーツセンターや若者向けのクラブを利用できる。
- 個人として何かを達成する。
- ほめられる。
- 全体的に、自分を好ましく感じる。

(National Children's Bureau, 2005)

教 育

教育はさまざまな成果と強く結びついており（Rutter, 1991）、家庭を補完する「安全基地」を提供し、自信を養い、友だち作りの機会を与えます（Gilligan, 1998）（安全基地の定義は第4章）。

教育とは、単にたくさんの試験に合格させることではなく、潜在的な力を発揮するための基本的なスキルを確立させることです。読み書きでつまずくと、バスの時刻表を読むといった簡単な

ことにも苦労するでしょう。

　里親は、子どもの夢を応援し、子どもがソーシャルスキルや他人とうまくつきあっていく能力を身につけるのをサポートするという、大切な役割を担います。これらはすべて、学校での成績の向上に役立ちます。それでも、やはり成績のかんばしくない子どもはたくさんいるのです。

　「転校すると、教え方が変わるから、ついていけなくなった。友だちもいっぱいなくしたし。転校を繰り返しているうちに、書き方とか算数とかわからなくなって。でも、わかるはずだと思われて、おいていかれちゃった。里子だからって、色めがねで見る先生がたくさんいる。まるで何か悪いことをしたみたいに、他の子どもよりも頭が悪いみたいに扱われるんだ」　　　　　　里親に委託された子ども（10代）(The Fostering Network, 2008)

　大卒以上の資格の取得は、就職の機会を広げるために重要ですが、里親に委託された子どもが高校卒業後も勉学を続けることは難しいのが実情です。大学に進学する子どもは一握りで、この状況が改善されるまで、まだ先が長そうです。

　子どもの教育への支援は、ただリソースを増やせば解決する問題ではありません。子どもの好みや意見を聞く必要がありますし、できれば、子どもの実親や親族が関わる方法を探る必要があります。

　また里親は、今日の教育の実情について学ぶ必要があります。里親は子どもや若者の意見に耳を傾け、夢をかなえられるように、アドボケイトとして応援することができます。

　里親は以下のことができます。
- 宿題を手伝ったり励ましたりする。
- 学校の活動への参加を促す。
- 保護者会に出席する。
- 教育専門職（教員など）の間の連絡役をする。
- 必要な用具を提供する。

情緒と行動の発達
　里親は子どもと堅固な関係を築くことで、情緒と行動の発達を支えることができます。以下に取り組んでみてください。
- しっかりとした枠組みのある、温かく養育的な関係を形成する。

- 信頼を築く。
- 子どもの心配事、関心、希望に耳を傾ける。
- 子どもとのコミュニケーションのスキルを磨く――ショートメールや電子メール、ドラマや本を利用するなど、創造的になる。

アイデンティティ

　これまで述べたように、子どもの肯定的なアイデンティティの形成をサポートすることは大切です。

　里親は以下のことができます。
- 文化やアイデンティティについて子どもと話し、子どもの意見を促す。
- 子どもの人生のあらゆる側面について、できるだけ多くの情報を入手する。
- （適切ならば）以前の関係の継続をサポートする。
- 子どもがその子らしく自分専用にできる安全な場所（子ども部屋など）を与える。
- 個人的な趣味、才能、興味を促す。
- 子どもの個性や強みを見つけて、ほめる。

家族と社会的関係

　レジリエンスは、仲間との好ましい関係や友情に関連します（Werner, 1990）。里親は子どもが友情を育み、人とつきあう機会をもてるように後押しすることができます。里親は以下のことができます。
- 子どもが実家族や友だちと交流を保てるようにサポートする（交流については、第3章で詳しく扱います）。
- 子どもが仲間と友情を築き、保ち、大切にできるようにサポートする。
- たとえ大人になっても、家族の一員として子どもに対応する。

セルフケアのスキル

　里親は自分の家で子どもと一緒に暮らすので、身の回りのスキルを教えられます――その点で、特別な立場です。ここにあげる課題の多くは、安全な養育に関する第5章で、さらに詳しく見ていきます。里親には以下のことができます。
- 一人暮らしで必要になるスキル（料理など）を教える。
- 危険についてや安全の方法について教える。
- 自分で境界線を引くスキルを教える。
- デジタル技術と安全につきあう方法を教える。
- 年齢相応の責任をもたせる。

社会的体裁（外見・行動）

　子どもは、自分が他人にどう見られるかを理解し、それをコントロールすることを学ぶ必要があります。そのために、里親は以下のことができます。

- 自分を知り、自己表現することに自信をもたせる（デジタル技術の利用を含む）。
- いろいろな生活体験をさせる。図書館に行く、コミュニティの一員になる、クラブに所属する、いろいろな場所を訪問するなど。
- 子どもをあなたの友人に紹介する。
- 発達段階に応じて、意思決定に参加させる。

課題2.1

・あなたはどんな人間なのか、書き出してみましょう。あなたの目から見て、自分のアイデンティティを定義する人生と経歴のあらゆるものをあげてください。誇りに思うものも入れてください。

・あなたの大切な人、また大切だった人のことを考えてみましょう。彼らのあなたへの態度や行動が、どのぐらいあなたの自己概念に影響しているでしょうか。

・次に、こうした事柄や人々があなたから取り去られるとしたら、どんな感じがするでしょうか。自己感覚にどう影響するでしょうか。いくつかの言葉で、それを説明してください。

課題2.2

あなたの姿勢（あなたにとって大切な信念、考え、原則）について考えてみましょう。できるだけ正直に書いてください。

その姿勢は、何に由来すると思いますか。

次のことにどう影響しているでしょうか。
・生き方
・家族との関係
・職場での関係（職場がある場合）
・決断

> その**姿勢**は、あなたが里親として養育をする子どもに、どんな影響を与えると思いますか。

その姿勢は、あなたが里親として養育をする子どもに、どんな影響を与えると思いますか。

課題2.3

あなたはどのような教育を経験しましたか。あなたの才能や能力について励ましてくれた大人、あるいはやる気をそいだ大人は誰でしたか。もし変えられるなら、何を変えたかったか、書き出してみましょう。

課題2.4

・どんな要素がアイデンティティを構成しますか。
・里子がヘリテイジの感覚を維持するために、あなたは何ができますか。
・どんな要素が、子どもが受ける扱いに影響しますか。
・「レイシズム」「差別」という言葉を、どう理解していますか。

- レイシズムや差別は、子どもにどう影響しますか。
- 子どもが自分の民族、宗教、文化、言語を維持できるようにサポートすることは、なぜ大切なのですか。
- 障害や知的障害のある子どもを、どのようにサポートできますか。
- 子どもが差別に対処するスキルを身につけるために、どんなサポートができますか。
- あなたの信念と対立する信念をもつ子どもを育てることについて、どう感じますか。またどう対処できると思いますか。

課題2.5

本章で学んだことで、担当のソーシャルワーカーに話す必要のあることがありますか。

家族や友人と、もっと深く話し合いたいことがありますか。

トレーニング・セッション2の家庭での実践

子どもの立場になって想像してみましょう。ある特定の子どもの里親になるためにアセスメントを受ける人は、その子の視点で考えてみてください。

もしあなたの家で暮らすことになったら、知りたいと思うようなこと（家、家族、その他子どもにとって大切なこと）を文章にしてください。できるだけ多くの家族のメンバーに協力してもらいましょう。

たとえば、
- どんな家に住んでいるか。
- 庭はあるか。
- 他に誰が住んでいるか（息子、娘、その他）。
- ペットはいるか。
- 趣味や日課など、好きなことは何か。
- どんな娯楽をしているか。

....

参考文献
....

Assessing and Promoting Resilience in Vulnerable Children: adolescence
Daniel, B and Wassel, S (2002)

Jessica Kingsley Publishers

A Guide to the Education of Looked After Children (England)
Bernadette Alexander and Doug Lawson
The Fostering Network (2015)

Pathways Through Fostering: Education
Collis, A
The Fostering Network (2008)

Pathways Through Fostering: Health
White, S
The Fostering Network (2009)

Signposts in Fostering: Supporting Unaccompanied Asylum Seeking Children
The Fostering Network (2016)

Time to Change—メンタルヘルスに関する情報
www.time-to-change.org.uk

Young Minds—子どもと若者のメンタルヘルス向上のためのイギリスの全国的慈善団体
www.youngminds.org.uk

New Family Social—イギリスのレズビアン、ゲイ、バイセクシュアル、トランスジェンダーの
　　養親家庭および里親家庭のネットワーク
www.newfamilysocial.org.uk

Contact a Family—障がいのある子どもの家族の支援団体
www.cafamily.org.yk

子どもを迎え入れる

Living in Foster Care: a guide for children
The Fostering Network (2007)

Messages for Munro: a report of children's views collected for Professor Eileen Munro by the

Children's Rights Director for England
www.dera.ioe.ac.uk

Understanding permanence for looked after children: a review of research for the Care Inquiry
Body, J (2013)

Life Story Work with Children Who are Fostered or Adopted
Katie Wrench and Lesley Naylor
JKP (2013)

A Short Introduction to Promoting Resilience in Children
Colby Pearce JKP (2011)

Become
www.becomecharity.org.uk

Children and Young People's Views on Being in Care
A Literature Review Hadley Center for Adoption and Foster Care Studies Coram Voice (2015)
www.coramvoice.org.uk/sites/default/files/Children%27s%20views%20lit%20review%20FINAL.
    pdf

Young Minds—ツールとツールキット
www.youngminds.org.uk/resources/tools-and-toolkits

SCIE/NICE: recommendations on looked after children: Promoting the quality life of looked-after-
    children and young people – Diversity
www.scie.org.uk/publications/guides/guide40/recommendations/diveristy.asp

SCIE: The needs of foster children from black and minority ethnic backgrounds
www.scie.org.uk/publications/guides/guide07/needs/minority/index.asp

LGBT for young people
www.lgbt.foundation/get-support/for-young-people

Scope
www.scope.org.uk/support/disabled-people/young-disabled

The Refugees Council

www.refugeecouncil.org.uk/what_we_do/childrens_services

The Fostering Network – Looking after unaccompanied asylum seeking children in the UK and the
　signpost

www.thefosteringnetwork.org.uk/advice-information/looking-after-fostered-child/looking-after-
　unaccompanied-asyslum-seeker-children

Beyond Youth Custody: Effective resettlement of young people

www.beyondyouthcustody.net/wp-content/uploads/Effective-resettlement-of-young-people-lessons-
　from-Beyond-Youth-Custody.pdf

▌日本語の参考文献────────────

相澤仁監修／上鹿渡和宏・御園生直美編（2021）『中途からの養育・支援の実際──子どもの行動
　の理解と対応』（シリーズ みんなで育てる家庭養護【里親・ファミリーホーム・養子縁組】）明
　石書店

相澤仁監修／酒井厚・舟橋 敬一編（2021）『アセスメントと養育・家庭復帰プランニング』（シリー
　ズ みんなで育てる家庭養護【里親・ファミリーホーム・養子縁組】）明石書店

トニー・ライアン、ロジャー・ウォーカー／才村眞理・浅野恭子・益田啓裕監訳（2010）『生まれ
　た家族から離れて暮らす子どもたちのためのライフストーリーワーク実践ガイド』福村出版

Helen Cosis Brown, Judy Sebba, and Nikki Juke（2015）「LGBT（レズビアン、ゲイ、バイセクシュ
　アル、トランスジェンダー）の里親のリクルート、アセスメント、サポートとスーパービジョ
　ン 国際文献レビュー」オックスフォード大学・リーズセンター論文（早稲田大学社会的養育
　研究所HP　https://waseda-ricsc.jp/project/94/から邦訳論文ダウンロード可能）

John Coleman, Jane Vellacott, Graham Solari, Maggie Solari, Nikki Luke, and Judy Sebba（2016）
　「里親養育を受けているティーンエイジャー 里親と里親を支援する人達のためのハンドブッ
　ク」オックスフォード大学・リーズセンター論文（早稲田大学社会的養育研究所HP　https://
　waseda-ricsc.jp/project/94/から邦訳論文ダウンロード可能）

第3章

周囲との協働

「最初に里親を始めたとき、
ただ子どもと向き合って、
支えてやればいい
と思っていました。
でもすぐに気がつきました。
この子だけじゃない、
家族全体の問題なのだと」

里親
(The Fostering Network, 2013)

はじめに

　里親になると、専門職の広いネットワークと協働することになります。里親は彼らとともに、子どもが過去に折り合いをつけ、よいものを手放さずに、将来に備えるのを支援します。さらに、あなたの家族や友人のなかにも養育に大きな役割を果たしてくれる人が出てくるでしょう。とくにあなたのお子さんがそうです。

　子どもは里親家庭で生活するようになっても、なお、生まれた家の一員です。子どもにとって大切だった人との関係を保つことは、アイデンティティ感覚やヘリテイジ（受け継いだもの）を維持するために、とても重要です。里親はしばしば、子どもの実家族と密接に協力する必要があります。

　何より大切なのは、里親と子どものパートナーシップです。子どもが本人の生活に関わる決定に十分に参加できるように配慮する必要があります。

　本章では、こうした協働関係で、里親に何が期待されるかを考えます。

　本章では、以下について理解を深めていきます。
- 子どもを取り巻くチームの専門職との協働
- 里子のためのプランの作成
- 子どもを本人の生活に関わる決定に有効にしっかり参加できるようにすること
- 実親家庭との協力
- あなたの家庭のすべての子どもを支えるためにできること

チームとして活動する

　里親は、子どもを取り巻くチームに不可欠なメンバーです。チームのメンバーは子どもに影響する重要な決定に関わり、それについて議論する措置計画やレビューの会議に参加します。子どもはこのシステムの中心であり（次ページの図を参照）、最も重視されるのは、子どもの意見やニーズです。

　一般に、チームの全員が常時、活動しているわけではなく、子どものニーズによって違いがあ

ります。里親や里親担当者（ソーシャルワーカー）、子どもを担当する児童福祉司は、日常的に関わります。他のメンバーは必要に応じて、専門的役割を果たします。複合的ニーズのある子ども（障がいや特別なニーズのある子どもなど）の場合、多くの人が緊密に連携する必要があります。子どもの実親やその他の家族、そして子ども自身も、必要に応じて、会議や決定に十分に参加することが強く推奨されます。

用語ワンポイント解説

子どもを取り巻くチーム
とは、社会的養護のもとにいる子どもを支援する、里親を含めた多職種専門家チームのことです。

　チームのメンバーとしての活動には、大変さもあります。最も端的なのは、サッカーチームのように、ある課題を一定時間で達成するために力を合わせるチームでしょう。ルールがあり、キャプテンがいて、監督がいて、トレーナーもいるかもしれません。対戦チームとの間に争いがあれば、レフェリーが登場し、どちらが正しく、または正しくないかを判定します。チームのメンバーはゲームのやり方に激しい感情や強い主張を抱くこともあるでしょう。激しい対立の可能性も、成功を分かち合うという喜びも、チームの活動につきものなのです。

子どもを取り巻くチーム

- アドボケイト
- 第三者的立場の関係者
- 子どもの実家族
- 必要に応じて専門職（心理士、セラピスト、保護監察官など）
- 里親担当者とその上司
- 教育専門職（教師など）
- **里親家庭の子ども**
- 里親とその家族
- 子どもを担当する児童福祉司とその上司
- 子どもの生活のその他の重要人物（家族の親しい友人など）
- 以前の里親
- 医療専門職

　里親養育に関わるチームは、もっと難しいかもしれません。チームのメンバーは何週間、何カ月、何年もかけて、子どもの福祉に関わる複雑で責任の重い仕事をします。他のメンバーとのコミュニケーションや協力をめぐって、困難な問題が生じることもあります。

　子どもと里親と里親家庭の安全は、この専門職の関係がよく機能しているかどうかに大きく左右されます。全員がコミュニケーションに参加し、何を知っているか、何を合意したか、何を実行したかについて、起こりがちな思い込みをチェックする責任を負います（第5章で扱います）。

　チームのメンバー間で、どこからをリスクと考えるかやリスクへの態度、その他の決定について、意見が食い違うこともあります。それでも多様な意見があることは、子どもと里親家庭を守るのに役立ちます。いずれにしろ、チームが有効に機能し説明責任を果たすには、一人ひとりの意見を尊重するとともに、健全で透明性の高い意思決定メカニズムを確保することが大切です。

子どものためのプランの作成

　子どもを取り巻くチームが有効に機能するために、要となるのがプランです。

　子どもに対する責任のある公的機関（社会的共同親）は、情報収集、アセスメント、プランの作成、里親家庭に委託される前と後の子どものケア状況の審査[1]を行うシステムを設けなければなりません。

　里親は、里子と自分の家族全員の安全を守るために、十分な情報を得る必要があります。

アセスメント

　アセスメントでは、里親への委託に先立ち、子どものニーズを検討します。緊急事態による里親委託などでそれができない場合は、アセスメントを完了する期限を設定します。アセスメントでは、子どもが親と離れて暮らすほうが適切かどうかについて、最初の判断をします。

　里親養育の必要性がはっきりしたら、自立支援計画を立てます。

1　監訳者注：イギリスとは異なり、日本においては委託前後のケア状況の審査をするシステムが整備されておらず対応が不十分なこともあります。

自立支援計画[2]

　自立支援計画は、社会的養護によってどのように子どものニーズを満たすかを規定する、重要な作業文書です。

　この文書は、子どもを担当する児童福祉司が、子どもを取り巻くチームの専門職、子ども本人、必要に応じて子どもの家族からの情報を踏まえて作成します。

> 自立支援計画は、社会的養護によってどのように子どものニーズを満たすかを規定する、重要な作業文書です。

　できれば、里親への委託の前に完成させるべきですが、できない場合は、委託中の一定の期限までに完成させます。

　里親は自立支援計画を通して、子どもの当面および長期的なプランや、自分が引き受ける委託の目的を理解します。

　里親は自立支援計画の文書を所有し、実施にあたっての自分の役割を明確に理解しなければなりません。

　自立支援計画は定期的に見直す必要があります。

　里親は、子どもの生活の重要な出来事の記録をつけることが期待されます。通常は日記の形をとります。何らかのリスクや安全な養育の問題を含む出来事について、判断の証拠になるものを残しておきます。

　いつか子どもが記録を読みたいと希望する可能性や、里親の養育の水準について通告、苦情、懸念が生じた際に調査されることを想定して、記録をつけてください。

率直でオープンな関係

　傷つきやすい子どもが未来を切り開けるようにサポートすることは、感情面で負担の大きい仕事です。ほとんどの関係者は、過去に子どもの人生に起きた出来事について強い感情を抱きます。子どもの未来を守ることについて意見が食い違うこともあり、協力の姿勢が試されることが

2　監訳者注：日本では里親養育における自立支援計画の作成や活用について里親との協働が不十分な場合もありますが、説明にあるような対応が必要です。

「里親担当ソーシャルワーカーは、
とても頼りになる
素晴らしい人です。
私は最新の情報を知るために、
いろいろな研修会に
参加しています」

里親
(The Fostering Network, 2013)

あります。

　里親は、相互の尊重に基づくオープンな関係をすべての関係者に期待すべきです。たとえば、里親担当者は、委託の最初の時点で里親と情報を共有し、子どものニーズについて何がわかっており何がわかっていないかを率直に伝えなくてはなりません。また里親は、里子の福祉に影響する可能性のある自分や家族の問題を率直に話す必要があります。

　子どもと里親と里親家庭の安全は、専門職の関係がよく機能しているかどうかに大きく左右されます。全員がよくコミュニケーションを取り、何を知っているか、何を合意したか、何を実行したかについて、起こりがちな思い込みをチェックする責任を負います。

　何よりも大切なのは、すべての関係者の声を聞くことです。子どもと家族は里親養育を十分に行うのに必要なあらゆる支援を受けるべきです。情報を収集するのも議論をするのも、根本的には、子どもの安全基地を確保するためです（第4章参照）。過去に家庭で何があったにしろ、子どもは安全基地から成長し、発達して、潜在的な力を十分に発揮するからです。

子どもの権利、参加、子どもの意見を求めること

　子どもは本人に関係し影響が及ぶ決定に、できるだけ積極的に関わるべきです。これを参加と呼びます。

　これは、国連子どもの権利条約（1989）と一致しています。何より大切なのは子どもの願いと気持ちであり、年齢と理解力に応じて確認をするべきというのが、共通のテーマです。

　里親は、養育する子どもの発達や進歩について意見をもち、子どもの声を代弁できる特別な立場にいます。里親は子どもにとって重要な決定が議論されるあらゆる機会に、里親としての意見を述べる備えが必要です。

　子どもが本人に関する決定について願いや気持ちを表現するのが難しい場合、または子どもを取り巻く

子どもの意見を求める

　子どもに関わる仕事をする人の間では、最終的に子どもの福祉や養育に関わる政策やサービスには、子どもの意見を中心に据える必要があるという認識が高まっています。

　政策立案者や公的機関が子どもの意見を求めることは有意義で、決定に影響を与え、関係する子どもへのフィードバックや対話へとつなげるべきで、リップサービスで終わらせてはいけません。

チームと対立がある場合、アドボケイトが関与することがあります。アドボケイトは、子どもを取り巻くチームや子どもの家族から独立した立場で、子どもをサポートする代弁者として、子どもの願いや気持ちが聞かれるように発言し行動します。

私たちは大人として、子どもを本人に関係する決定に関わらせる方法を、よく配慮しながら、創意工夫しなければなりません。どうすれば子どもが自分の願いや気持ちを里親に話し、より広くチームの人々にも伝えられるかを考える必要があります。

イングランドの子どもの権利ディレクターの調査（Ofsted, 2011b）では、子どもはこうした話題については、自宅のほうが落ち着いて話せることがわかっています。また対面のコミュニケーションを好む子どももいれば、ショートメールや電子メールを好む子どももいて、一人ひとり違います。何か別のことをしながら話すのがよいという子どももいます。

もう一つの調査は（Community Care, 2007）、子どもを意思決定に関わらせるのが上手な大人に必要なものとして、以下をあげています。
- どんな子どもでも引き込むコミュニケーションの技術
- 応答性
- 子どもの個々のニーズに対する敏感さと気づき
- 想像力を働かせた創造的な手法を磨く機会

里親は子どもと信頼関係を築くことができるので、子どもとコミュニケーションをとり、意思決定に積極的に参加するよう促すことができる特別な立場にあります。

子どもの参加は、いくつかの重要な理由から有益です。
- 子どもの権利を守る
- 法的責任を果たす
- サービスの向上
- 意思決定の向上
- 民主的手続きの強化
- 子どもの保護の促進
- 子どものスキルの向上
- エンパワメントと子どもの自尊感情の向上

（Sinclair and Franklin, 2000）

家族との協働

　子どもにとって、自分が大切に思う人とのつながりを保つことは大切です。

　里親は、このつながりを維持することが適切な場合、それを支援します。ときには家族に会えない理由を子どもに説明しなければならないこともあります。またあるときには、子どもが家族のもとで暮らせるようになるため、実親や他の家族のメンバーと協力する必要があるかもしれません。

　ほとんどの人は、自分にとって大切な人と交流し続けています。以下の図は、シェリーという35歳の女性の人生を時系列で表しています。人生の長期間にわたって、いくつかの関係が続いています。

シェリー

　「今でも、母とはたいてい毎週会っています。ほんの数キロ先に住んでいるので。父は、私が27歳のときに亡くなりましたが、いい思い出がたくさんあります。祖母には子どもの頃によく面倒を見てもらいましたが、私が20代前半の頃、亡くなりました。弟のジョージは5歳下で、カナダで暮らしているため、この数年、連絡はとれていません。親友のジュリーとは、中学に入学したときに出会いました。パートナーのケルヴィンとの出会いは20歳のときで、今も一緒に暮らしています」

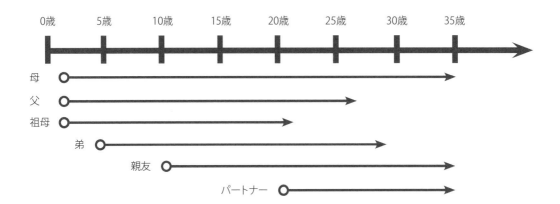

　次はパトリックの例です。彼は、子ども時代はほとんど社会的養護のもとにいました。パトリックの人生では、シェリーに比べて短期間で終わる関係が多くなっています。子どもの頃の知り合いとは、まったく連絡をとっていません。

パトリック

　「4歳まで母と暮らしていたけれど、正直言って、あまり覚えていないんですよ。それからしばらく祖母のところにいたけれど、うまくいかなかった。その後、里親のサラさんのところで暮らしました。とてもいい人で、よくボーリングに連れていってくれた。でも別の家に移らなくてはならなくなって、そこの人とは全然合わなくて。それから児童養護施設に入って、2、3回、どこかの家に預けられたけど、特別な人はいませんでしたね。

　弟も養護されていましたが、里親と養子縁組してスコットランドに引っ越したので、連絡が取れなくなってしまいました。

　リックのことは覚えています。学校の友だちで、いつも一緒にいた。その後リックは軍隊に入って、今はドイツにいます。たしか、ドイツ人の女の子と結婚したと思うけど。僕は筆不精なので、連絡が取れなくなりました。

　他に誰かって？　若い頃、カレンと2、3年一緒に暮らしました。大切な人だったんです。結局、別れたけど、娘のローレンとは今でも連絡をとり合っている。ローレンは僕の人生で最高の宝物です。もう12歳。そして、もちろん、パートナーのアン。もう10年近く、この僕に愛想をつかさないでいてくれる。すごいよね」

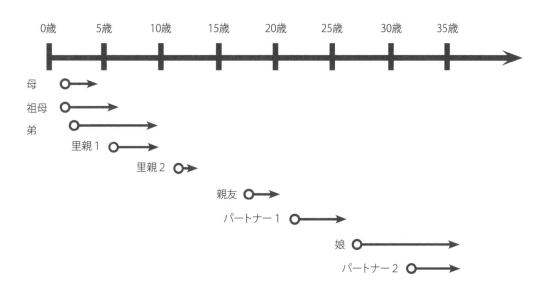

交流

大部分の里親家庭の子どもは、実家族の一人または複数と交流をしています。子どもには交流の権利がありますが、本人の最善の利益にかなう場合に限ります。

交流は重要です。全般的な目的は、子どもが家族との好ましいつながりを維持し、アイデンティティ感覚とヘリテイジ（受け継いだもの）を保てるようにすることです。人生の連続性の感覚を維持するためにも役立ちます。

用語ワンポイント解説

交流とは、里親家庭の子どもが実家族など本人にとって大切な相手と連絡をとり続ける方法を指します。対面の面会だけではなく、手紙、電話、メール、SNSを介したやりとりも含まれます。

過去に家庭で何があったにしろ、通常、子どもは親やきょうだい、その他の近しい人への忠誠心を抱き続けます。一般に、子どもは家族や親戚と連絡をとることを強く望んでいます。子どもの気持ちの調査では、里親家庭の子どもになって最もつらいことの一つとして、「自分の家族や友だちに会えなくて寂しい」があげられていました（Morgan, 2005）。

ただし里親養育の期間が長くなると、どの程度、交流したいのか、どんな形がよいのか、自分でもよくわからなくなったり、混乱して悩んだりする子どももいます。

きょうだいとの連絡

社会的養護のもとにいるきょうだいは、可能ならば、そして子どもの最善の利益にかなうならば、一緒に里親に委託されます。これは、安定性を与えるために大切なことです。また慣れ親しんだ者同士の安心感もあります。きょうだいはみな、ときにはけんかもしますが、それでも多くの子どもは別れて暮らすことを選びません。

とはいえ、大人数のきょうだいを一緒に委託することは、さまざまな理由からとても難しいものです。里親は、子ども全員に十分なスペースを用意できないかもしれないし、一人ひとりの子どものニーズに十分に応えられず、きょうだいを一緒にするメリットが帳消しになるかもしれません。そのため、きょうだいを分けるほうが適切と判断されることもあります。たとえば、きょうだいの一人に特別なニーズがあり、通常以上の支援が必要な場合などが、そうです。

きょうだいとの交流を続けるのは、実親との交流と同じぐらい大切です。里親はできる限りの

ことをして、きょうだい間の親密な（ときには難しいことがあったとしても）関係を維持させるべきです。定期的な面会ができなくても、メールやショートメッセージ、電話やSNSなど、さまざまな方法で補えることを覚えておきましょう。

交流の方法

　子どもと実家族との交流それ自体が関係を改善するわけではありませんし、それで子どもが家に戻れるようになるわけでもありません。すべての関係者（大人も子どもも）との、他の作業も必要です。

　交流は、子どもに強い不安や緊張をもたらすことがあるので、慎重に対応する必要があります。子どもの声に注意深く耳を傾け、一人ひとりの子どものニーズを敏感に察知することが不可欠です。子どもが自分の思いを話せるように積極的な手段をとる必要があるかもしれません。子どもを取り巻くチームのスキルと綿密なチームワークが必要です。交流に関する決定では、子どもの発達へのメリットとリスクを常に考慮しなければなりません。

　交流を計画するときは、重大なリスクがないかどうかを評価することもあります。常に最優先すべきなのは、子どもの福祉の増進と保護です。里親は、安全な養育（第5章参照）の面で、交流の取り決めが里子や実子や自分自身に及ぶ影響を考え、ソーシャルワーカーと話し合うべきです。

交流での里親の役割

　子どもと実家族の交流をサポートすることは、里親の重要な役割の一つです。里親になるかどうかを決めるとき、この意味を理解しなくてはなりません。

　里親にとって交流は、子どもが実親家庭との関係を理解するのを手助けする機会になります。ときには、家族のあるメンバーと連絡をとれない理由を説明しなければならないこともあります。

　交流の具体的内容は入念に練り、それぞれの関係者が自立支援計画の一環として行っている活動と関連づける必要があります。

　対面での面会は、そのためのセンターをはじめ、さまざまな場所で行われます。ソーシャルワーカーや里親、他の専門職、ときには他の家族のメンバーや友人が面会を見守ることもあれば、見守りなしで行うこともあります。面会はさまざまな日程で、定期的または随時、行われま

「里親さんとの
初めての面会は、
友だちの家でお茶を飲む
みたいな感じでした……
何もかも、包み隠さずに
話し合ったんです」

実親
(The Fostering Network, 2013)

す。里親があまり関与せずに、交流専門のワーカーや里親担当者が手配をして、交流センターで
行うこともあります。その場合でも、すべての関係者の間でよくコミュニケーションがとれてい
ることが大切です。面会交流の記録は、書面にして残すべきです。

また対面での面会だけが交流ではありません。手紙やメール、電話、写真の交換、プレゼント
やカードを過小評価すべきではありません。SNSやショートメールなど、デジタルでの交流は
だんだん一般的になっています。

里親や子どもを取り巻くチームのメンバーが知らないうちに、子どもが実家族と連絡をとるこ
とがあるかもしれません。それによって子どもが自分をリスクにさらすなら、これは安全な養育
の問題となります。

里親は交流でいろいろな役割をします。たとえば交流の会場への子どもの送迎、子どもが交流
の準備をしたり振り返ったりするときのサポート、交流後の複雑な感情への対応、観察に基づく
意見を担当者に伝え、アセスメントを手助けすること、別の里親に預けられているきょうだいと
の交流を計画し、見守りをすることなどがあります。

委託によっては（とくに長期委託）、リスクが低いと評価されると、里親に交流の見守りが期待
されることがあります。

子どもが成長するにつれ、子どもの願いや気持ちが交流プランに直接、影響を与えるようにな
ります。里親は、子どもが安全な選択をして自分のニーズとウェルビーイングを熟慮するようサ
ポートすることに重点をおきます。

里親と実親がコミュニケーションを取り、関係を形成し、面会のたびに情報を（口頭や書面で）
交換することはとても大切です。子どものことに集中して、親のニーズに焦点が逸れないように
することも必要です。

交流をめぐって、里親は複雑な感情を抱くことがあります。実親が（理由は何にしろ）子ども
に一貫した対応ができないために、子どもが気落ちするのを目の当たりにするかもしれません。
また、めったに面会に現れない親と会わせるために子どもを連れていって、案の定、現れなかっ
たときに、子どもが動揺するのを見るのは、つらいものです。そうした体験は、里親の交流に対
する感情に影響することがあります。子どもを不当に扱い、危険な目にあわせたと思われる人
物との協力など考えたくないかもしれません。それでも、容易なことではありませんが、実親を
裁きたくなる衝動に逆らわなければなりません。里親は子どもにとっての最善に集中すべきであ
り、大部分のケースでは、それは実親との連携を含んでいるのです。

難しい問題への対処

　実親なら、子どもとの交流のために何でもするはずだと思う人も多いでしょう。でも現実には、実親がさまざまな不安から用心深くなり、うまくいくはずの交流がつまずくことがあります。実親は後ろめたさや不安、疑念を抱えていたり、子どもの人生や愛情で自分が占めていた部分を里親にとられることをおそれていたりします。敗北感など、さまざまな理由で、交流の場に現れないことがあります。

　一部の実親は、将来について非現実的なことを言ったり、子どもにとって大切な約束を守れなかったりします。次から次へと子どもにプレゼントを贈り、里親に敵対することもあります。事態を収拾して、子どもの失望や苦痛に対処するのは容易ではありません。ただし実親は、こうした行動をとるからといって、子どものことをどうでもよいと思っているわけではないのです。子どもが里親養育を受ける一方で、親自身にも支援が必要であることの表れなのです。

> 一部の実親は、将来について非現実的なことを言ったり、子どもにとって大切な約束を守れなかったりします。

　多くの場合、委託についての話し合いや、その後のプラン作成の話し合いで、実親の不安はある程度、解消されます。そして里親を現実的に捉え、自分の感情に対処できるようになります。里親は、子どもを担当する児童福祉司や実親と協力しながら、子どものニーズを交流の中心に据えることに力を注ぐべきです。

　ときには、実家族が交流の取り決めを破って、予定外に連絡してくることがあります。ネット上での交流（SNSなど）の頻度や時間は、モニターしたり管理したりしにくいものです。

　また交流のさまざまな面について、判断が必要です。直接的な交流か間接的な交流か、家族の別のメンバーと交流するかなど、交流のさまざまな方法について、子どもの願いと気持ちを考慮しなければなりません。リスクを評価し考慮に入れながら、「微調整」を繰り返す必要があります。

　里親は、自分自身の気持ちや感情を自覚し、受け入れることが重要です。それは、子どもが実親やきょうだい、その他の親族にどんな感情を抱き、彼らと離れて暮らしていることをどう感じているかを聞き取り、受容するために必要なことです。もし里親が自分の感情を自覚していなければ、プランを作成するときに、実際に誰（子どもか里親か）の意見や気持ちが聞かれているの

か、混乱することがあります。

とくに親族里親の場合、交流を対処しにくい面があります。これについては、第7章で詳しく扱います。

交流にはこうした難しさが伴うので、里親は子どもを取り巻くチームの里親担当者のサポートを受けるべきです。

実家族の声

子どもを里親養育に託したことについて、実家族が感じるかもしれないことを理解するのは大切です。交流についての実親や家族の声を、いくつか紹介します。

> 「里親さんは私を厳しい目で見るだろうと思っていました。孫に家庭が必要なときに引き取れなかったんですから。でも、まるで普通のおばあちゃんが孫を訪ねてきたときみたいに、私に接してくれて、孫の近頃の様子をいろいろ聞かせてくれました」

> 「これまでの人生で一番つらかったのは、マシューを育てられないと認めたことでした。訪ねていくのがつらかった。あの人は私がやるべきだったことを全部やっている。マシューに優しくしてくれるのはわかっていたけど、里親さんのことが嫌でした」

> 「姪の居所がわかるまで、9カ月かかりました。争うつもりで乗り込んでいったんです。でも、とても歓迎されて。ルイーズもとても元気そうで、落ち着いた感じでした。それで拍子抜けして、これは大丈夫だと確信して帰りました。次の訪問を楽しみにしています」

> 「よく思うんです。私があちらの家を訪ねるのがどんなにつらいか、里親さんにはわからないんだろうと。家具も持ち物も何でも立派で、人気の遊園地とか、パントマイムの公演とか、動物園に行ったとか、楽しそうなことばかりしているのを聞かされるんです。私の身にもなってほしい」

「もし息子の里親さんが、あれほど私に寛容でなかったら、私があの子と遊んだり、彼に何かしてあげるのを手助けしてくれなかったら、あの子を失っていたと思います。いつも私を信じてくれました。それが正しかったんです」

「里親さんの子どもたちは、まるで本当の兄弟のようにピーターに接してくれたようでした。おもちゃも、両親も、生活も分かち合ってくれるなんて、すごいと思います。ピーターがうちに帰ってきてからも、連絡をとり合っているんですよ」

守秘義務

The Skills to Foster トレーニングのセッション3では、子どもを取り巻くチームのメンバー間での情報共有に関するケーススタディを読みました。

守秘（義務）とは、本人の同意なく他人にアクセスされるのを望まない情報を秘密にすることであると言えます。

ただし実践では複雑で、多くの要因を考慮しなければなりません。

子どもを取り巻くチームの一員として活動するとき、里子の養育や実親家庭についての情報を共有する必要が出てきます。そして、その多くはデリケートな性格の情報です。また里親家庭のプライバシーも配慮する必要があります。子どもを取り巻くチームは、担当する家族と子どもを守るために、ある種の情報を秘密にすることを、法律で求められています。実践面で言うと、子どもとその家族を含めたチームの同意なしには、その情報を他の人々に開示しないということです。

里親は現実世界でもオンラインでも、子どもの個人情報の扱い方に、きわめて慎重にならなければなりません。自分の友人や家族に、どこまで里子のことを話すか、よく考える必要があります。

里親は最初から一貫して、子どもとその家族に対

里親は現実世界でもオンラインでも、子どもの個人情報の扱い方に、きわめて慎重にならなければなりません。

し、デリケートな情報を共有する必要性と方法について、オープンかつ率直に説明して同意を求めるべきです。情報共有の最も重要な原則は、子どもとその家族にとって、よりよい結果をもたらすかどうかです。子どもまたは家族が、他者からの重大な危害に苦しんでいるか、そのリスクがある、あるいは彼ら自身や他者に重大な危害をもたらすか、そのリスクがあると、関係者が感じたとき、その情報は共有しなくてはなりません。この場合、特定の個人の同意がなくても、情報を共有することができます。

　里親は、自分自身や家族の個人情報をどのように里子と共有するかも、考える必要があります。また実家族からある情報を聞かされ、内密にしてほしいと頼まれたときに、どうすべきかについても考える必要があります。

　プライバシーと守秘義務は同じではないことに注意してください。里子はあなたの家庭の他の子どもと同じように、プライバシーの権利があります。自分や家族の個人情報を共有することを望まないかもしれませんし、それは尊重すべきです。また子どもが里親に秘密を打ち明けられるようになるまでには、かなりの時間がかかることがあります。

慎重な対処が必要な状況

　里親は、守秘義務に関連して、慎重な対処が必要な場面に遭遇するときがあります。子どもは、自分を苦しめている重大な事柄について里親に打ち明け、それを秘密にしてほしいと言うことがあります。里親は、子どもが虐待の経験を打ち明ける最初の人になるかもしれません。

　重大な事柄は秘密にできないことを、最初からはっきりと子どもに伝えることが大切です。

　一般的には、第三者と秘密情報を共有する前に、里親担当のソーシャルワーカーのアドバイスを受けるのが適切です。子どものソーシャルケア、健康、教育、里親養育に関連するサービスは、子どもと家族に関する情報をどのように共有すべきかについての行政の指針をもっています。里親は、こうした扱いの難しい問題については児童相談所や民間フォスタリング機関から多くの支援を受けられます。

里親家族

　あなたが里親になることを決心したら、困難と大きなやりがいの両方が待っているでしょう。あなただけではなく、家族のすべてのメンバーにとって、そうなのです。あなたにお子さんがい

るなら、彼らは里親養育でとても大きな役割を果たすでしょう。

　里親の実子は里親委託の成功に大きく貢献することが、研究からわかっています。にもかかわらず、彼らは意思決定のプロセスで、あまりにも忘れられがちです。

実子のニーズに耳を傾ける

　里親の子どもは、親を「共有している」と感じるのがつらくなることがあります。里親は、普通よりも多くの時間と注目を必要とする子どもを養育することもあるでしょう。あなたが気づかないうちに、実子が自分はないがしろにされていると感じていたり、反感を抱いたりしているかもしれません。毎週、お子さんとの「充実した時間」をもってください。お子さんが、親は自分のために時間を取り、耳を傾けてくれるとわかるようにすることが大切です。

　ときには、お子さんが特定の子どもと一緒に暮らすのがとても嫌だと言ってくることがあるかもしれません。お子さんから見て、里子が手を焼くような行動をしたり、不愉快になる態度をとったりしていることもあります。その場合、里親担当ソーシャルワーカーに相談すべきです。仮にあなたが委託を終了することが最善の道だと判断したとしても、あなたは失敗したのではなく、家族のために最善の決断をしたのです。

　もちろん、多くの場合、一つの屋根の下で暮らせば、子どもたちは親しい間柄になります。里親家庭に委託される子どもにとって、年齢の近い子どもと好ましい関係ができるのは、とてもよいことであり、あなたの家に早く馴染めるようになります。

　里親の子どもの大部分は、里子が来なければよかったと思うことはないと言っています。むしろ、他人の立場をよく理解できるようになったと話す子どもが少なくありません。

　「母と私がした最善のことの一つです。子どもの人生を本当に変えられるって、思っただけでもすごい。ナタンは、最初、うちに来たときにはおびえて、引きこもっていました。でも今では、とても活き活きしているんです。大人になったら、絶対、里親になりたいと思います」
　　　　　　　　　　　　　　　　　里親の娘（The Fostering Network Wales, 2006）

「家で里子を養育するのは、
これまで体験したなかで
一番素晴らしいことだと思います。
たくさんの人に出会えて、
すごくやりがいのある仕事です。
いろいろな人と出会って、
知り合うのが楽しいんです」

里親の娘

里親家庭に委託された子どもと法律

　里親養育については、さまざまな法律、規則、規定があります。

　この段階で法律の詳しい知識をもつ必要はありませんが、一般原則を知っておくと役立ちます。

さらなる課題

課題3.1

　チームの一員になることは、里親に求められる重要なスキルの一つですが、それはどういう意味でしょうか。

　かつて、または現在、あなたが所属しているチームのことを考えてみましょう。仕事のチーム、クイズやダーツやサッカーのチームなど、何でも結構です。

次の質問に答え、あなたの考えを書いてください。

• そのチームの目的は何ですか。目的は一つ、それともたくさんありますか。
• チームの活動や決定の方法には、ルールがありますか。
• チームのすべてのメンバーが対等ですか。そうでない場合は、なぜでしょうか。
• 議論になったとき、何が起きましたか。

課題3.2

　省略[3]

課題3.3

　交流をめぐる問題に対処するために、担当の児童相談所や民間フォスタリング機関では、どんな支援やトレーニングを提供しているか調べましょう。

課題3.4

　最初の時点から、あなたのお子さんをできるだけ多くの決定に関わらせることが大切です。何といっても、お子さんたちの家でもあるのです。里親養育について、同居する全員での家族会議の時間を作りましょう。

　家族集団として大切なことや、里親養育によって変えるべきではないと家族が感じていることを、リストにしてください。お子さんは年齢によって、里親養育についていろいろな疑問や不安を抱きますが、オープンな態度で率直にそれに答えましょう。里親養育をすることによって、お子さんがもう少し大きくなるまで話題にしなかったはずの問題やテーマに、お子さんが接する可能性があることを心に留めてください。たとえば、薬物乱用や精神疾患、親が子どもを虐待する理由を説明することになるかもしれません。

　子どもは大人には言えなかった体験を、他の子どもに打ち明けることがあります。そのため、

3　監訳者注：里親養育における記録についての課題ですが、日本の状況に合わない内容のため省略しました。

守秘義務について家族にも話しておく必要があります。子どもの生活の詳細について家の外で話題にするのは適切ではないこと、しかし、もし子どもが誰かに傷つけられたという話を聞いたら、あなたにその情報を伝えなくてはならないことを、はっきりさせておきましょう。

　担当の児童相談所や民間フォスタリング機関が里親の実子にどんな支援を提供しているか、ソーシャルワーカーに聞いてみましょう。地域の支援グループがあるか、里親担当ソーシャルワーカーと定期的に相談する手段があるかなど。

トレーニング・セッション3の家庭での実践

1. トレーニングのセッション3のケーススタディのうちどれか一つを、振り返ってみましょう。もしその子どもを委託されることになったら、友人や家族にどう話すか、想像してください。8歳の実子にはどう説明しますか。それは22歳の娘さんに話す内容と、どう違うでしょうか。親族里親の人は、養育を望んでいる特定の子どもについて考えてください。

2. 里親養育をすることが、あなたのお子さん、親戚、友人、家庭に与えそうな影響について考え、話し合ってください。

3. どうすれば、チームのメンバーとして役に立てるかを考えてみましょう。障害になるものと資質について考えください。

参考文献

周囲との協働

Pathways Through Fostering Contact
Slade, J (2008)
The Fostering Network

Signposts in Fostering: Record Keeping
The Fostering Network (2009)

Signposts in Fostering: Working with Social Workers
The Fostering Network

All You Need to Know: Planning for Looked After Children — a handbook for children's social workers (England)
The Fostering Network (2015)

All You Need to Know: A Foster Care Handbook for Supervising Social Workers (England)
The Fostering Network (2015)

10 Top Tips on Managing Contact
Bond, H (2007) British Association for Adoption and Fostering (BAAF)

子どもの権利と参加

Key Resources in Foster Care: Participation
The Fostering Network (2010)

The Children's Legal Centre
www.childrenslegalcentre.com

The website of the Children's Commissioner England
www.childrenscommissioner.gov.uk
www.cildrenscommissioner.gov.uk/learn-more/children-care-councils

Children and Young People's Commissioner, Scotland
www.cypcs.org.uk

Northern Ireland Commissioner for Children and Young People
www.niccy.org

Children's Commissioner for Wales
www.childcomwales.org.uk

A National Voice
www.anationalvoice.org/work/cicc/children-in-care-councils

里親の実子のサポート

My Family Fosters: a handbook for sons and daughters of foster carers
The Fostering Network (2008)

里親養育と法律

All You Need to Know: Fostering, Regulations, Guidance and NMS 2011 (England)
The Fostering Network (2015)

Fostering legislation in England
www.thefosteringnetwork.org.uk/policy-practice/policies/fostering-legislation-in-england

The law and fostering
www.fosterline.info/legislation-for-england

■日本語の参考文献

相澤仁監修／澁谷昌史・伊藤嘉余子編（2021）『家庭養護のしくみと権利擁護』（シリーズ みんなで育てる家庭養護【里親・ファミリーホーム・養子縁組】）明石書店

相澤仁監修／渡邊守・長田淳子編（2021）『ネットワークによるフォスタリング』（シリーズ みんなで育てる家庭養護【里親・ファミリーホーム・養子縁組】）明石書店

SOS子どもの村JAPAN編（2019）『弁護士・実務家に聞く 里親として知っておきたいこと――里親養育Q&A』海鳥社

ジョン・ディガーモ著／中村豪志・高石啓人・上鹿渡和宏監訳／佐藤明子訳（2023）『学校現場における里親家庭で暮らす子どもへの支援――里親、ソーシャルワーカー、教員へのガイド』明石書店

イングリッド・ホイヤー、ジュディ・セッバ、ニッキー・ルーク（2013）「里親養育が里親養育者の子どもに与える影響――国際的な文献レビュー」オックスフォード大学・リーズセンター論文（早稲田大学社会的養育研究所HP　https://waseda-ricsc.jp/project/94/から邦訳論文ダウンロード可能）

ニッキー・ルーク、ジュディ・セッバ（2013）「お互いに支え合う――里親間のピア交流に関する国際的な文献レビュー」オックスフォード大学・リーズセンター論文（早稲田大学社会的養育研究所HP　https://waseda-ricsc.jp/project/94/から邦訳論文ダウンロード可能）

第4章

子どもの理解と養育

「実家族と一緒に
暮らせなくても、
家庭生活を経験する
機会がほしいし、
生活するのによい場所を
提供してくれて、
私と一緒にいてくれる人に
養育してもらいたい」

子ども（10代）
(The Fostering Network, 2013)

はじめに

　アタッチメント——養育者への子どもの情緒的な絆——を理解することが、里親の多くの仕事の土台になります。この章では、安定したアタッチメントがどのように健全な子どもの情緒的、身体的発達を促し、また不安定なアタッチメントが発達と行動にどんな影響を及ぼすおそれがあるのかを説明します。

　里親は、一般的ではない挑戦的な里子の行動に直面することがありますが、里親に正しい知識と技術があれば、里子を理解し、彼らが感じていることを表現して肯定的な行動をとれるよう働きかけることができます。

　本章では、以下について理解を深めていきます。
- 基本的なアタッチメント理論
- 挑戦的な行動への肯定的な対処法
- 里親のレジリエンスと自尊感情が高まるのを助ける方法

アタッチメント

　第1章では、いかに幼少期の経験が発達に影響を与えるのか見てきましたが、アタッチメントがその重要な要素になります。

　アタッチメントとは、子どもを養育している特定の人物、または人々と子どもの情緒的な絆のことです。こうしたアタッチメントの質が、子どもの情緒的、身体的発達と行動を形作ります。

　子どもがアタッチメントを形成するのは一人だけでなく、里親や養父母などの、実親以外の大人にもアタッチメントを形成することができます。

安定したアタッチメント

　子どもは生まれたときから、育ててもらい、守ってもらい、発達するために欠かせない注目を集めるために、親や養育者との親密性を求めます。そのために、赤ちゃんは泣いたりにっこり笑ったり、ガラガラを鳴らしたりして親密性を求めるでしょうし、年上の子どもなら、お腹が空

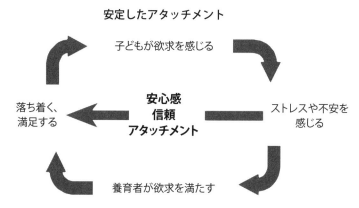

安定したアタッチメント

子どもが欲求を感じる

安心感
信頼
アタッチメント

落ち着く、
満足する

ストレスや不安を
感じる

養育者が欲求を満たす

ファールバーグの「覚醒−緩和サイクル」から引用 （Fahlberg, 1994）

いたと言ったり、助けを求めたりできるでしょう。

　子どもを養育してくれる特定の人物、または人々が利用可能[1]で子どもの欲求に敏感に対応できれば、子どもは安心して世界を楽しみ探索できます。自分は、食べ物をちゃんともらえるだろうか、抱きしめてもらえるだろうか、と心配する必要はありません。養育者が子どもに安全基地を提供しているのです（**安全基地**の考え方は、本章後半で扱います）。

　子どもが信頼を抱き安全だと感じるためには、養育者や親が完璧である必要はありません。「ほどよい」養育者であれば十分なのです。

　例として、身体的、心理的な欲求を抱えた子どもがいるとします。たとえば赤ちゃんは、お腹が空いているとしましょう。それは赤ちゃんを不安にさせるので、泣きます。すると世話をしている大人（母親、父親またはそれ以外の養育者）は、その子が泣いている理由を考え、空腹なのだと気づき、食べ物を与えて欲求を満たします。赤ちゃんは満足します。

　こうした出来事が起こることを通して、赤ちゃんは、養育者が欲求を満たしてくれることを学びます。子どもは養育者への安定したアタッチメントを形成していきます。

　安定したアタッチメントは、心と体の健全な身体的、情緒的な発達だけではなく、学習能力の土台でもあります。安定したアタッチメントがあれば、子どもは次のことができるようになります。
- 自分の知的可能性を十分に知る。
- 認識した内容を整理する。

1　子どもが必要なときにいつでも子どもに対応してそばにいてくれる状態のことです。

不安定なアタッチメント

子どもが欲求を感じる

ストレスや不安を
感じ続ける

**不信感
不安**

ストレスや不安を
感じる

養育者が欲求を満たさない

- 論理的に考える。
- 社会的感情を育む。
- 他人を信頼する。
- 自立する。
- ストレスや欲求不満にうまく対処する。
- 嫉妬の感情を減らす。
- 一般的な恐怖心や不安を乗り越える。
- 自己価値の感覚を高める。

　一人またはそれ以上の人物に対して安定したアタッチメントをもつ機会に恵まれた子どもは、その後も、自分を養育してくれる他の人に対してアタッチメントを形成することができます。これは乳児、幼児、年上の子ども、ティーンエイジャーなど、年齢を問わず広く言えることです。こうした経験が里親養育では非常に重要になります。どの年齢であっても、その子が里親に対してアタッチメントを形成させる可能性があることを意味するからです。

不安定なアタッチメント

　「ほどよい」養育ではない、あるいはネグレクトや虐待では、子どもは強い不安を感じ続けます。こうした環境では、子どもは養育者に対して、強くしがみつくようなな不安定なアタッチメントを形成しがちです。

　先ほどと同じ例を使います。赤ちゃんがお腹を空かせて泣きますが、今回は、世話をする大人は食べ物を与えません。つまり、赤ちゃんが不安を感じ続けることになります。

　それでも赤ちゃんは、養育者へのアタッチメントをもち続けますが、ただし、これは不安定なアタッチメントです。不安定なアタッチメントが子どもの行動にどんな影響を与えるか、簡単に

見ていきましょう。

　小児期早期の身体的、情緒的な虐待やネグレクトは、子どもの身体的健康、心理的な健康のどちらも損なうおそれがあります。

　たとえ親が自分に害を加えても、子どもは親に対してどこまでも忠実です。つまるところ、子どもから見れば、その人以外、親はいないのです。また、精神疾患の疑いがある親や、ドメスティック・バイオレンス（DV）の被害を受けている親を、自分が守らなければと感じがちです。こうした子どもはしばしば、怒り、悲しみ、恐怖、不安が入り混じった感情を抱きます。

　このような経験が、子どもによる自己と他者の受け止め方に影響を及ぼします。子どもは自分の体験をもとにして、「内的ワーキングモデル」——世界の見方や解釈の仕方——を形作ります。それまでの体験を通して、子どもは、次のような考えを「教え込まれて」いるかもしれません。
- 自分の人生をコントロールできない。
- 大人は信頼できない。
- 大人は子どもを守ってくれない。
- 誰にも何にも頼れない。
- ぜんぶ僕（私）の責任だ。
- どうせ自分に良いことなんて起こらない。
- 僕（私）はみんなと違う、ダメなやつだ、出来そこないだ。
- 僕（私）は愛されない。
- 誰にも求められていない。

　ときには、安定したアタッチメントを形成する機会が一度もなかった人や、アタッチメントが継続的に破綻した人のなかにアタッチメント障害が見られ、そのせいで混乱した行動になることもあるかもしれません。こうした子どもが困難を乗り越えて、他者と良好な関係を築く手助けをするために、治療による支援が必要な場合もあります。

分離と喪失

　実親家庭を離れて里親養育を受けるといった分離は、アタッチメントのタイプが安定型、不安定型どちらの子どもにも、不安を引き起こすかもしれません。人生で何度も移動を経験した子どもはさらに大きな影響を受けるおそれがあります。養育に継続性や一貫性がない場合、子どもは、世界に何を期待すればよいかわからなくなります。

　子どもたちは実親のことで思い悩み、自分は愛されていないのではないか、親に忘れられてし

まうのではないかと不安を覚えます。それまでネグレクトを受けたり、怖い思いをしてきた赤ちゃんや子どもであっても、慣れ親しんだ環境や自分を養育してくれていた相手を失うことを悲しみます。

逆に、分離によって安心する子どももいます。実親やきょうだいに会えず寂しいと感じる一方で、それまで傷つけられたり、拒まれたりしてきたため、やっと安全になったと安心するのです。こうした複雑な感情と向き合うのに、子どもが混乱することもあります。実家族の喪失を悲しむと同時に、里親家族との新たな生活に不安を感じるのです。こうした悲嘆や不安が、怒りだけでなく、悲しみとして表面化することもあります。

アタッチメントが不安定な子どもの行動

アタッチメントが不安定な子どもは、親に情緒的利用可能性がなかったり、大切にされているという安心感を親から得られなかったりしています（親に拒まれたり、怖い思いをさせられたこともあるかもしれません）。こうした子どもが、不安になったり信頼を抱けないのも無理はありません。しかし、彼らはこうした感情や不安に対処する方法を、見つけなくてはいけなかったのです。

子どもは――ネグレクトがあってもなくても――養育者なしでは生きていけません。そのため、もてる手段を、それが何であっても最大限に活用するしかないのです。

実親家庭でアタッチメントが不安定だった子どもは、それまで次の方法で対処してきたかもしれません。
- 心を閉ざして自分だけを頼りにする。あるいは、
- 常に親の注意を要求する。あるいは、
- たとえば攻撃的な態度などを使って、親をコントロールしようとする。

1歳未満の赤ちゃんでさえ、対処法と生き残るすべを学びます。自分が泣くと親が怒るという経験をすると、生後3〜4カ月の時点ですでに感情を見せないことを身につけていたりします。

年齢を問わず、子どもはこうした対処行動を里親家庭にも持ち込みます。たとえば、赤ちゃんが抱かれるのを嫌がることもあります。年上の子どもの場合、自分が何か要求すると親を刺激すると学んでいるため、感情を閉ざしていたり、何を聞かれても「大丈夫だよ」と答えるかもしれません。非常に要求を強く出したり、反抗したりすることで、状況を支配しようとする子どももいます。

子どもは、いろいろな方法で不安や信頼感の欠如に対処しようとします。そうした行動をと

るのは、里親が原因ではないと知っておくことが大切です。それは、その子が不安を感じたときに、その方法で生きのびることを学んできたのです。子どもが信頼を抱き、感情を共有し、強い要求を出さずに、里親のケアを受け入れられるよう支援するには、時間が必要です。

里親には何ができるか？

里親養育にやってくる子どもたちは、さまざまなアタッチメント関係を経験しているでしょう。そうした違いが影響して、里親との親密な関係を心から望み要求する子どももいれば、一方でよりスペースや距離感が必要な子どももいるかもしれません。

そのため里親は、子どもが無理なく自分のペースで前に進めるよう、子どもとの関係をきめ細かに調整しなければなりません。秩序、予測可能性、確実性などの目安となる枠組みや日課を作ることで、安全基地を用意できます。この安全基地を足場として、子どもは今あるアタッチメントを維持し、新たなアタッチメントを育むことができます。

子どもの長期的な計画は、永続的な家庭環境を提供できる養親や里親のもとに移ることを目指す場合もあれば、実親家庭に戻ることが目標になる場合もあります。それまでの間、里親は温かく養育的な態度で接し、しっかりと関わり（コミットメント）、安全基地がもたらす子どもにとってよいものすべてを与えることができます。

> 子どもと絆を育むために気持ちをたくさん費やしたのに、時が来れば子どもを「手放さ」ねばならないことは、里親にとって大変なことです。

子どもと絆を育むために気持ちをたくさん費やしたのに、やがて時が来れば子どもを「手放さ」ねばならないことは、里親にとって大変なことです。これについては第6章で扱います。

安全基地を用意する

子どもにとっての「安全基地」を用意することで、子どもが大変な経験から回復する手助けができます（Schofield and Beek, 2014）。

養育の五つの要素を通じて、大変な経験からの回復を助けるだけでなく、子どもが本来もつ強みを伸ばし、心と身体の発達を促して福祉を高めることもできます。

用語ワンポイント解説

安全基地は、子どもに世界を探索する自信と、つまずいたときの安心感を与えてくれます。

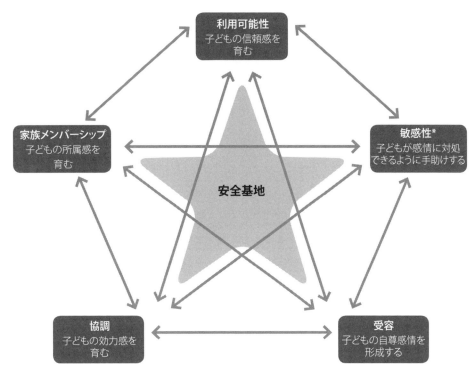

＊すぐに気づき応答できること

　実際には、安全基地を提供することには以下のような機能があります。

利用可能性——子どもの信頼感を育む
- 利用可能性とは、里親家庭にいれば安全で欲求を満たしてもらえると、子どもに教えることを指します。
- 信頼できる大人が、物理的にも感情的にもいつも「子どものためにそこにいる」ことを、言葉と態度で伝えます。
- 利用可能性によって不安が減少し、子どもは大人を信頼して、これまで以上に自信をもって遊び、学び、探索できます。

　里親は、子どもに耳を傾けてコミュニケーションをとります。里親とは、子どもが頼りにできる存在、子どもの活動を後押しし、一緒に過ごしてくれる存在なのです。

敏感性——子どもが感情に対処できるように手助けする
- 敏感性とは、子どもが何を考え感じているか理解するため、子どもに「波長を合わせる」ことを指します。

- 子どもが自分の感情に「名前をつけ」、その感情について考え、他の人にも思考や感情があって、それを理解する必要があるということを知る手助けをします。
- そうすれば子どもは、自分の感情をもっと積極的に表現し対処できるようになります。

　里親は、子どもが自分の考えや感情をはっきり表現し、どうすれば正しい選択ができるか理解できるよう手助けします。

受容──自尊感情を形成する

- 受容とは、強みや問題を含めて、子どもをありのままに受け入れることを指します。
- 得意なことや興味のあること、さまざまな活動を促進するのと同時に、すべてが上手にできるわけではないこと、他の人もいつも正しい行動ができるわけではないことを、受け入れられるように手助けすることも含みます。
- そうすれば子どもは自分に満足し、失敗を乗り越えて自尊感情の形成を促進します。

　里親は、健康やセルフケアを含めて、子どもが自分の面倒を見られるよう教え、安全な環境でリスクをとって挑戦する機会を与えます。

協調──子どもの効力感を育む

- 協調とは、子どもとともに行動し、自分の考え、感情、意図をもつひとりの人間として子どもを尊重することを指します。
- 境界をしっかり定めつつ、それらの範囲内で選択、交渉、譲歩ができるようにします。
- そうすれば子どもは一層の効力感を感じ、より協調することができます。

　里親は、子どもが友だちを作れるよう手助けし、クラブ、若者グループ、オンラインでの活動などを通じた社会的な機会をサポートします。そうすることで、子どもが自分に満足し、自信をもつことを促進します。

家族メンバーシップ──子どもの所属感を育む

- これは、里親家庭と実親家庭の両方の家族の一員であるという、心地よい帰属意識を促進することを指します（すべての里親委託のウェルビーイング〈すべてがいい状態であること〉にとって、子どもを温かく家庭に迎え入れることが重要です。長期的な里親養育の場合には、これがとりわけ大切になります）。
- 二つの家族のバランスはそれぞれの子どもや、委託の種類や期間によっても変わります。
- 子どもが、快適で無理のない範囲で、両方の家族に所属することができると感じるように手助けをします（親族里親の場合、二つの家庭を区別する必要はないかもしれません）。

　里親は、子どものアイデンティティを促進し、子どもが自分自身と文化的伝統を理解してそれ

に誇りをもてるようにします。また子どもが家族の歴史、宗教、文化を学ぶ手助けをし、子どもがあなたの家庭を離れた後も連絡をとれる機会を提供します。

　課題や欲求のなかには、複数のカテゴリーにまたがるものもあるため、重複する部分もあるかもしれません。たとえば温もりある養育的な家庭を提供することは、**敏感性**と**家族メンバーシップ**の両方にあてはまります。

　子どもが安全基地を信頼し始めると、彼らはさらにのびのびと遊び、学び、発達できるでしょう。だからこそ、安全基地を作ることが子どもを危害から守る土台になるのです。安全基地がなければ、現実またはデジタルの世界でも、利用される、いじめられる、手なづけられる、搾取されるといった不適切な関係に対して脆弱になる（影響を受けやすくなる）かもしれません。

> 子どもが安全基地を信頼し始めると、彼らはさらにのびのびと遊び、学び、発達できるでしょう。

　安全基地を提供するための最初のステップは、子どもの幼少期の体験――たとえばアタッチメント関係など――と、それが現在その子にどんな影響を与えているかを考えることです。こうすることで、子どもがどんな欲求を抱えているかや、どんな養育アプローチが役に立ちそうかに焦点を当てることができるようになるでしょう。

　このプロセスには、時間が必要です。一度に一つか二つの分野に絞って取り組み、「スモールステップ」に分けて進歩を把握するのが役立ちます。

　里子と過ごす期間が短い場合には、その子の認識や行動を完全に変えるのは難しいでしょう。けれど、子どもが実親家庭に戻ったり、永続的な里親家庭や養親家庭に移ったりしたときに備えて、人を信頼する気持ちを育み、養育を受け入れて子どもにとって良いものを得たり、安定したアタッチメントを形成するうえで役に立つ、小さな変化を起こせるかもしれません。

　困難を経験をしているにもかかわらず、どんな子どももいくつか強みをもっています――ユーモア、知性、粘り強さ、スポーツ・お絵描き・動物が好きなど。

レジリエンスとアタッチメント

　第2章で、**レジリエンス**という考え方を簡単に紹介しました――子どもが拒絶、トラウマ、虐待や、他の逆境の影響に対処するうえで役立つ、さまざまな特徴と方略のことです。

「子どもたちが、
学業面でも感情面でも、
その可能性を
最大限に発揮できるように、
私が子どもの教育と発達に
関わる機会を
もてることを、
楽しんでいます」

里親
(The Fostering Network, 2013)

　私たちから見て問題だと考えるいくつかの行動が、子どもにとってはレジリエンスの手段の一つかもしれません——つまり、子どもは自分を守るためには、逃げるのではなく戦うことが効果的な方法だと学んでいるかもしれません。里親は、子どもが別の方略を見つけられるよう手伝うことができるでしょう。

　アタッチメント、安全基地、レジリエンスの三者には、強い関連性があります。安全基地は、子どものレジリエンスも高めるさまざまなタイプの養育を提供します。こうした重要な関係性の質が、大人へと成長するなかで子どもが成功する能力に影響を与えるということが、証明されています。

　レジリエンスとは、大変な状況を乗り越える能力、逆境のさなかでも自信をもって肯定的に毎日を生きるための特性を指します。「大変な状況で正常な発達をすること」とも定義されています（Fonagy et al, 1994）。

　これは、子どもについて考えるときに、同じような大変な人生経験をしていても、子どもによってはなぜ異なるレベルの成功や幸福を手に入れることになるのかを理解するのに、とくに重要です。なかには、知能が高いなど、不運な出来事を乗り越える助けになる性格や能力（内的保護因子）を最初からもっている子どももいます。また、社会的能力、問題解決スキル、高い自尊感情などの保護因子を身につけることができる子どももいます。これらは、レジリエンス要因と呼ばれます。

　最も多く見られるレジリエンス要因は、高い知能、養育者と十分に支え合える関係性などです（Masten et al, 1998）。とはいえ、里親は社会的養護のもとにいる子どものレジリエンスの発達を促せることも知っておくこともまた重要です。里親が敏感な養育行動を提供することで、子どもはレジリエンスを高める方法を学ぶことができます。アタッチメントと社会的学習理論両方のスキルと方略を活用した、敏感で応答的な養育を通じて、子どものレジリエンス要因を発達させ強化することができます。

　ですからレジリエンスを、失敗から立ち直る力、回復力と捉えることができます。わかりやすいイメージをあげれば、たとえば人間は水に沈むと本能的に水面に出ようとします。なかには水に浮きやすい人もいれば、浮きにくい人もいますが、私たち誰もが、水に浮くことを学ぶことができるのです（Ginsburg, 2011）。

　ある専門家（Daniel and Wassell, 2002）は、子どもが自分のレジリエンス要因に気づき、これを受け入れているかどうかを示す目安となる、簡単なモデルを紹介しています。

もし子どもが、「私（僕）には〜がある、私は〜だ、私は〜ができる」と明るく肯定的に言い切ることができれば（たとえば、「私は友だちがいる、私は優しい、私は泳げる」など）、その子は、それぞれ安全基地、高い自尊感情と自己効力感をもっていることを示す自分の強みを理解しているというのです。

　里親は、境界をしっかり定めた温かく養育的な家庭を用意し（安全基地）、子どもが自分のスキルを名づける手助けをし（自己効力感）、自信をもって肯定的に自分自身について語れるよう応援し、その子の資質と強みに注目します（自尊感情）。そうすることによって、里子のこうした資質を伸ばす手助けができるのです。

　重要な発達のなかで蓄えてきたものが、浮上していく力にどのように関連していくのかについて考える（困難から立ち直る力をどのように高めるかを考える）際には、里親が子どもの内面のレジリエンス要因と外的なレジリエンス要因を考えることが役に立ちます。

子どもの内面に備わったレジリエンス要因の例
1．しっかりとした学習への取り組み（学校でやる気があり、勉強に意欲的である）
2．肯定的な価値観（向社会的な価値観、すなわち、共有する、親切さ、思いやりなど他者と地域のためになる価値観）
3．社会的な能力（コンピテンス）（対人スキル、文化に適応するスキル、問題解決スキル）
4．肯定的なアイデンティティ（自尊感情、達成感）

外的なレジリエンス要因の例
1．支援（家族、大人、近所の人、学校）
2．エンパワメント（安全で円滑な地域組織、地域の人）
3．境界と期待（明確なルール、そのルールを破った場合の明確な結果、家族や学校、近隣のモデルとなる大人からの明確な期待、決まった日課）
4．有意義な時間の使い方（若いときの創造的で有意義な活動と、自分と向き合う時間と家庭の環境）

　里親は、養育している子どもたちを観察することで彼らが備えている肯定的な資質や強みを引き出し、子どものレジリエンスを高めるために、毎日の生活のなかでその強みを意識的に伸ばすことができます。たとえば、絵が得意といった特別な才能に気づいたら、絵画教室に通わせて才能を伸ばすことによって、その子の自己効力感だけでなく自尊感情も高められるかもしれません。

　里親が家庭で子どもと一緒に質の高い時間を過ごすことで、その子にとって安全基地が確か

なものになり、家の外でも、育ちを支える地域の安全な活動に積極的に参加できるようになります。クラブや共同体に参加することも、社会スキル、コミュニケーションスキル、自信、所属意識をはじめ、多くの点で子どもの能力を高めます。いずれも、確かなアイデンティティ意識や自己認識を育むうえで欠かせません。

子どもと一緒にレジリエンスを高める方法として、他にいくつか例を紹介します。
- 自分の人生に発言権があるのだと感じてもらいましょう。自分の考えをはっきり主張するよう促し、自分にも発言権があると期待できるように後押しします。
- どんなにささいなことでも、何かやり遂げたらほめて励ましましょう。
- コミュニケーションスキルを使って子どもに耳を傾け、不安に対応します。これには、読み聞かせが役に立つかもしれません。子どもに、その子個人の特別な人生を理解させるためにも、読み聞かせは役に立ちます（読み聞かせについては、この章の後半で詳しく説明します）。
- なぜ里親養育を受けているのか、この先どうなるのかなど、子どもが求めている必要な情報を伝えましょう。
- 他の人に対して思いやりある態度をとるよう促します。里親が手本を見せて、あなたなら「やさしい」人になれると信じていることを、きちんと伝えます。
- 実親家族や、子どものそれまでの人生で重要な役割を果たしてきた人との交流を、促しましょう。第2章で説明したように、そうすることでアイデンティティ意識や自分のルーツに対する意識を育てられます。
- 同じ年頃の子どもとの友だち関係を後押ししましょう。
- 本人が関心をもつ、自信や満足感を得られるような興味や関心を促しましょう。音楽、スポーツ、文化活動、趣味など。
- 教育や未来の可能性を開くためだけではなく、社会性を育むためにも、学校に行くことを応援しましょう。
- 問題解決スキルを教えましょう。

社会教育学の手法を活用する

社会教育学は、社会的養護のもとにいる子どもの欲求を満たすためにヨーロッパの多くの国で使われている、定評ある枠組みです。社会教育学は、学術的な研究や確立された子どもの発達理論から得られる知識を用い（頭）、感情に重点をおき、誰もがそれぞれの感情や倫理的なニーズをもっていることを認識し（心）、実践的な課題や日常的な活動を学習の重要な機会として活用することに重点をおく（手）、という要素が融合しています。

社会教育学とは

　社会教育学とは、総合的な視野に基づく広い意味での子どもの育成（upbringing）のことです。ソーシャルワーカーや里親など、社会教育学の手法を取りいれる人は、自分が何をどのような形で行うか、その行動を支える価値観や原則はどのようなものかを考えるために柔軟で説明的な枠組みを用います。

　イギリスで、社会教育学を里親養育に取り入れている「フォスタリングネットワーク」のプログラムは「head, heart, hands（頭、心、手）」と呼ばれています。

　頭：社会教育学では、子どもの発達理論を活用し、省察的な実践と自己認識を通じて行動を理解する必要があると考えています。

　また、里親が養育のなかで自分の感情と自己を見せることを重視しています。**心**では、自己の活用を強調しています。すなわち、個性や利用可能であること、そして感情的な温かさと、子どもへの本当の思いやりを示すことです。

　手では、社会教育学の実際的な面に注目します。毎日の生活のなかで関係性を育み、一緒に料理をする、子どもを学校に送る、読み聞かせをする、庭仕事やお絵描きをするといった活動を通して、人間関係を築き学んでいきます。

　社会教育学について、詳しくはFostering Networkのサイトで紹介しています。

「頭、心、手」を使って、子どもに安全基地を確保する

- 子どもに先生になってもらいます。子ども自身とその子を取り巻く世界について、教えてもらうのです。子どもが自分自身をどう感じているか知りましょう。まずは、何をしていると楽しいか、好きなこと、得意なことは何かを話してもらいます。子どもにとってやりがいのある、達成できそうな課題がないか話し合いましょう（他の人にとっても意味がある、誰かのためになる課題なら、なおよいでしょう）。
- やり遂げられそうな目標を考えます。自分ならできると感じるきっかけを与える、手が届く目標に取り組むよう励ますことで、自尊感情を育てられます。子どもと一緒に取り組み、あなたとその子どちらにとっても意味がある、新しいことや、今までと違うことをやり遂げれば、自尊感情を高める助けにもなります。
- 楽しく遊びましょう。目標や結果のことは、いったん忘れます。楽しい遊びを通して、子どもと一緒に笑い関係性を築く方法を見つけます。料理する、サイクリングする、一緒に寝室の壁

を塗り替えるなど。そうすることで、お互いに対等な立場で安全に同じ場を共有できます。このような環境が、自信を育てます。

- レジリエンスを高める方法を探しましょう。自分の行動と決断にもっと責任をもち、スキルや活動の範囲を広げるために、子どもの成長や学習の能力を信じる姿勢を示しましょう。普段の家事を手伝ってもらってもいいし、スポーツ、演劇、音楽、ダンス、美術、学校の勉強をしたりできるでしょう。あなたの家を離れた後も続けられそうな活動を選ぶとよいでしょう。ただし、目的はあくまでも、達成感を味わって経験の幅を広げることです。

- 積極的に話を聞く練習をしましょう。これは思ったよりも難しいものです。マインドフルネスを学ぶトレーニングを受けましょう。マインドフルネスとは、自分自身の心や感情、思考の状態への気づきを深めることです。問題に対して解決策を探すのではなく、聞くこと自体がなぜ重要なのかを考えてみましょう。助けてあげたくても、「何かをしよう」という姿勢でいることは、必ずしも最善の対応とは限りません。

- 文化や人種の違いを意識して、敏感になるようにしましょう。そうすれば、子どもの両親やそれ以外の家族のメンバーと接する際にも役立ちます。フォスタリング機関は、文化や人種の違いを念頭において里親を募集する義務があり、委託計画を作成するときには、子どもの人種、文化、宗教、言語的な欲求に配慮しなければなりません。安全な養育とは、すべての子どもの委託に対するニーズに見合う最善の委託先・入所先を見つけることです。

- 支援を必要とする子どものサポートをアドボケイトしましょう。人種の壁を超えて委託を行う場合には、こうした支援がとりわけ重要になります。言葉の勉強や学校生活のサポートに関わる、国内にいる同じ民族コミュニティの大人や子どもとつながる、メンタリング（相談相手の紹介）、独立した訪問者など、さまざまな形でサポートを行うことができます。

子どもが感情を表現し対処できるようにする

怒ったり攻撃的になるなどの行動を通して、感情を外在化する子どももいます。こうした態度は目にとまりやすく、相手からすぐに反応を引き出すことができます。とはいえ、その態度の裏に本当の感情が隠されている場合もあることを、忘れてはいけません。

引きこもる、無口になるなど、内在化された行動を通して、不満を表現する子どももいます。里親がこうした態度に気づいて対応することも、同じくらい重要です。

ただし、敏感に反応して子どものペースに合わせるようにします。必要があれば、子どもを担当する児童福祉司に相談してセラピーを利用することも重要です。

子どもの行動に対応する際に大切なことは、彼らが感情を表現する別の方法を見つけられるようにすることです。子どもの感情を否定したり、「元気を出して」と言ったりしないこと——本人が自分の感情に気づき、その感情を伝えられるよう働きかけるべきです。

そのために里親が利用できるテクニックが、いくつもあります。

感情に名前をつける

感情に名前を与えることで、里親は、子どもが感情に気づいて伝えられるよう手助けし、その感情が現実で、理解できるものであることを示します。これは、乳幼児期の日常的な世話のなかで始まりますが、小児期や思春期にも応用できます。

感情のミラーリングとコンテイン（心理的包容）

子どもが苦痛を感じているときに、養育者も自分の表情や声の調子などにその苦しみを反映させることが多いでしょう。しかし、その後で、安心感を与える表情に戻り、普段通りのトーンで子どもを落ち着かせる言葉を口にするのです。こうして強烈な感情のミラーリングと心理的包容を行うことで、その感情に対処し、安全なものにできることを示すのです。

考えるために立ち止まる

この「ミラーリングとコンテイン」のプロセスによって、子どもは多少なりとも振り返る時間を得られます（乳児の場合はほんの数秒、思春期なら数時間のこともあります）。いったん立ち止まることで、子どもは他の人の感情や、今の状況を解決するためにはどんな選択肢があるかを考えることができます。ただし、子どもの行動をコントロールするために「タイムアウト」を使う場合には、注意が必要です。アタッチメントが不安定な子どもの場合、パニックを引き起こしかねません。

利用可能な状態でいる

子どもは、混乱し腹を立てているときに養育者から引きはなされると、さらに激しいパニックに陥ることがあります。里親はいつも近くで「利用可能」であることを、明確にする必要があります——たとえ子どもが悪さをしても、養育者は安全基地を提供しなければなりません。

複雑な感情を認める

　子どもが幅広い感情を理解し対応できるよう、人間は何かに対して複雑な感情を抱くことがあり、それは正常なことなのだと里親が認めるべきです。たとえば、誰かに対して怒りを感じるけれど、それでもその人を愛しているといったことです。

感情を表現する手本を見せる

　養育者にとって重要な役割は、自分の感情を安全に表現する手本を子どもに見せることです。たとえば里親カップルで意見の相違があった場合は、誰しもときに相手に腹を立てるものだけれど、そのせいで本質的な人間関係が変わることはないと、手短かに説明してもよいでしょう。そうすることで、強烈な感情であっても手に負えない状況になるわけではない、誰かを愛しながら同時にその人に腹を立てることもあり、関係性に小さな亀裂が入るのは普通のことであり、その亀裂は修復できるのだといったことを、子どもに示すことができます。

協調する

　敏感な親や里親は、子どもを、自由意思や自分なりの考え、感情、意図をもつひとりの人間と見なします。こうした親は、急に干渉したり、親の意思を押しつけたりするような状況を避けます。里親として「協調的な同盟関係」を目指しましょう。この同盟があれば、子どもは、自分も意思決定のプロセスに参加できていると感じられます。これによって、子どもは自分の世界をコントロールし、譲歩することを理解できるようになります。

物語を語る（読み聞かせ）／ストーリーテリング（Story telling）やおもちゃを使う

　物語（読み聞かせ）やおもちゃは、子どもや若者とコミュニケーションを取るための自然な方法です。子ども本人から一歩距離をおいて、直接的ではなくプレッシャーを与えない形で感情を反映させることができます。それらを通して、他の人にも感情があることを示し、子どもが感情に対処する別の方法を考える手助けとなります。登場人物が、自分の感情に対処したり、解決したり、前に進むことを学ぶ物語によって、子どもに希望を与え、肯定的な道を示せます。物語を語ること（読み聞かせ）は、子どもが自分の人生を語り、過去と現在を結びつけるのに役立ちます。

物語を語る（読み聞かせ）を通じた関係性の構築

　読書と読み聞かせは、学習面だけではなく、感情や関係性について学ぶという意味でも子どもに役立ちます。里子にはとくに有益で、里親との関係や里親とのアタッチメントを促進することができます。

物語を語る（読み聞かせ）プロセスは、健全なアタッチメントを呼び起こし、刺激を与えるという点で強力なものです。アイコンタクト、情動調律、その他の非言語的なコミュニケーションは、しっかりとしたアタッチメントの形成と多くの関連性があります。こうした安全で安定的な関係性のなかで、大変な感情に対処する方法を見つけることができます。物語を語ること（読み聞かせ）は、語ると同時に相手に耳を傾ける特別なプロセスです。簡単にできて子どもを引きつけられ、感情や関係性について学ぶ自然な方法です。読み聞かせは一方的なプロセスではなく、語り手と聞き手が互いにやりとりを行います。語り手がお話を読み始めたとたん、役割交代、共同注意といったアタッチメントの重要な要素が自然に生まれます。

　子どもに本を読み、素晴らしい文学やフィクションを一緒に楽しむ方法を見つけるのは、とても効果的な活動ですし、学校での成績も伸ばせます。物語は別の意味でも役に立ちます——トラウマ、喪失、虐待まで含めて、子どもに影響するあらゆる問題や家庭内の困難を、物語で取り上げることができるのです。

　ハリー・ポッターシリーズはその好例と言えます。両親を亡くしたハリー・ポッターは、虐待とネグレクトが日常茶飯事になっているダーズリー家で暮らしています。ハリーは、魔法の世界に行きホグワーツ魔法学校に入学することで、この環境から逃れることができます。魔法の世界では、彼は他の誰とも違う、かけがえのない勇敢な男の子として愛されます。現実の世界と同じように、魔法の世界にも善悪の対立があります。自分自身の内面の葛藤に対処しなくてはならないハリーが、魔法の世界での戦いの鍵となり、「善」の勝利に欠かせない役割を果たします。

　ハリーの物語はある意味で、フィクションが生み出す空想の世界を象徴するものです。そこに行けば、現実の世界の困難から逃れることができ、前より強くなり自信をつけて元の世界に戻ってこられるのです。

　物語や本は関係性の構築に役立つだけでなく、子どもが感情について学び、話し、感情に対処できるようにする助けにもなります。幼い子どもの場合、『よるのおるすばん』（評論社）、『ぐっすりおやすみ、ちいくまくん』（評論社）（ともにマーティン・ワッデル著）などの絵本が、自分と他者の感情を探り名前をつけるきっかけになるかもしれません。

　何世代も語り継がれてきたおとぎ話などの民話には、トラウマや虐待に関わるテーマが含まれていたり、家庭での暮らしが描かれていたりするものです。有名なおとぎ話『シンデレラ』を例にとりましょう。そこには肉親との死別、いじめ、ネグレクト、言葉による虐待、姉妹間の対抗意識などが描かれています。けれど、シンデレラは最後には、持ち前の資質に加えて、ちょっぴり魔法の助けも借りていじわるな姉たちに勝利します。大人は物語を語ること（読み

聞かせ）を通じて、子どもたちに世界とそれに向き合う方法を、思いやりある安全な環境のなかで教えることができます。

　物語を語ること（読み聞かせ）が、アタッチメント形成と里親と子どもの強固な関係性づくりにきわめて効果的であることは、疑いありません。

2012年夏にフォスタリングネットワークの『里親養育ニュース・ウェールズ版』に掲載された、スティーブ・キリック著の*Lighting the Fire For Storytelling With Looked After Children*から引用。

行動を理解する

　行動は何もないところから生まれるわけではありません。子どもが前に進める形で行動と向き合うためには、その行動をある程度理解する必要があります。単なる軽率さや誤解から出た行動もあれば、その年齢の子どもとしては「正常な」行動もあるでしょう。たとえば幼児期の子どもは、思い通りにいかないことがあると腹を立ててかんしゃくを起こします。けれどなかには、子どもの行動が、その子のそれまでの経験や、感じたこと考えたことの表れである場合もあります。

　社会的学習理論では、子どもは他者の行動の観察と模倣（モデリング）を通じて行動を学ぶとされます。つまり、私たちの行動、反応、応答の多くは、他者を観察するだけではなく、他者の自分に対する反応から学んでいるものでもあるのです。

　アタッチメントについて振り返ると、なかには、対処方略を発達させることで、虐待やネグレクトを乗り切る方法を身につけた子どももいることは明らかです。社会的養護を受ける子どもの多くが、実親家庭での不適切な行動を目にして、そうした行動を学んできたと言えるでしょう。その行動は、有害な環境では役に立ったかもしれませんが、思いやりある養育的な環境に委託されてからは役に立たず、ときには受け入れがたいものになります。

　行動は、習得できるのと同じように、「捨て去ったり」適応したり、変更することもできます。私たちの行動は

用語ワンポイント解説

社会的学習理論：子どもは他者を見て模倣することで行動を学ぶというアプローチ

日々互いに影響を与え合います。そのため、日常生活でのやりとりを通じて、里親は子どもが肯定的な行動を学ぶ手助けをできるでしょう。これは里親にとって、うれしいメッセージです。里親は、社会的学習理論の原則を活用して、たびたび対応を迫られる子どもの問題行動や望ましくない行動、不適切な行動を変えることができるのです。

行動のABCモデル

　行動は、その前に起こる出来事だけではなく、その後に起こる出来事からも影響を受けます。たとえば、今日はよく晴れているので、サングラスをもって出かけようと考えたとします。この場合、**先行条件**（行動をとるきっかけ）は太陽であり、**行動**はサングラスを持参することです。この行動の**結果**として、あなたは太陽でまぶしい思いをせずにすみます。これはポジティブな結果なので、おそらくあなたは次も晴れた日は同じ行動をとるでしょう。

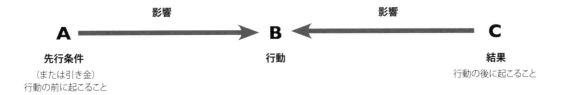

　先行条件が、過去に起きた出来事である場合もあります。里親養育に関連する例をあげると、8歳のジャックはお風呂の時間になるとひどい態度をとってしまいます。里親は、ジャックが過去に虐待を受けていたこと、その虐待がお風呂の時間に行われていたことを知りました。これが、彼の行動の**先行条件**だったのです。里親には、この先行条件を変えることはできませんが、**結果**を変えることでジャックの行動に影響を与えることができます。たとえば、過去の虐待を乗り越えられるよう力を貸し、入浴時のジャックの行動に敏感になることで、新しい安全な環境でお風呂を楽しめるよう取り組めます。

観察と記録

　子どもの行動を観察することで、先行条件を知る手がかりをつかめます。ただし、たいていの場合、里親は、何が起きているか見つけ出すために、ちょっとした探偵のような仕事をこなさねばなりません。引き金が、一見してそれとわからない過去の出来事である場合もあるからです。記録をつけることは、子どもの行動を見守り関連性を特定するうえで非常に効果的です。

　ABC日誌をつけることで、状況をはっきり把握できることもあります。日誌を見れば、たと

え実感はなくても行動の頻度が減っていることがわかるかもしれません。寝る前や家族との交流の後など、決まった時間にその行動が起きていないかを知るうえでも役立ちます。これらが子どもに特別な感情を引き起こし、それが決まった行動を通じて表現されているのかもしれません。

　問題行動が、里親の子どもに対する感情に影響を与えることがよくあります。そうした行動には疲れ果て、悩んだりし、里親が打ちのめされてしまうこともあります。里親は否定的な気持ちになり、その子が見せるそうした行動ばかりに目が向いて、肯定的な行動に気づけなくなるかもしれません。それも無理のないことですが、決して望ましいことではありません。

　ABC日誌に行動を記録するときには、子どもの行動に意味を与えたり判断を下したりするのではなく、先入観なく子どもを受け入れ尊重するようにします。日誌を通して、里親は反応する前にいったん距離をおいてじっくり考えることができ、自分と子どもとの関係性を保つのに役立てられます。

　行動を記録するのはいたって簡単です。トレーニング・セッションで説明したように、次のような記録表にわかりやすく具体的に行動を書きとめると効果的でしょう。私たち大人は、行動を記録するときに、自分が実際に見聞きしたことではなく、その行動を自分がどのように感じたかを説明しようとすることがあります。子どもが何と言ったか、何をしたかなど、一目でわかる表現で記録するとよいでしょう。他の家族がその記録表を見たときに、書かれた内容を正確に理解できるよう、わかりやすく書いてください。

行動：キーラが妹のシアンをつねった回数

月	III
火	I
水	
木	IIII
金	I
土	I
日	I

　こうした簡単なチェック表をはじめとして、いろいろな記録表があります。特定の行動を目にするたびに、表に印をつけるようにします。そうすれば、行動の頻度をより正確に把握できます。実際には、里親が思うよりずっと頻度が少ないケースが多いものです。こうすることで、里親自身も状況を管理していると実感できて楽観的になれます。

決まった行動を1週間観察した後で、ABCチャートを追加するとよいでしょう。このチャートを使って、問題行動の前に起きた先行条件と、後に起きた結果を明らかにします。問題行動だけではなく、子どもの肯定的な行動も記録することが大切です。

ABCチャートの例

日付・時間	先行条件	行動	結果
月曜午後4時30分	里親に宿題をするよう言われる	机に向かって宿題を始める	言われた通りにできてえらいね、とほめると笑顔になった

　行動を記録することには、多くのメリットがあります。里親が広い視野で子どもの状況を捉えるために役立ちます。里親からすると、その子がしょっちゅう特定の行動（たいていは問題行動）をとっているように思えるかもしれませんが、実際にはそうではありません。大切なのは、里親の主観だけではなく、できる限り事実に基づいて判断することです。もちろん主観は、その行動が里親にどれほどストレスを与えているかを示しています。

　子どもは、不適切でネグレクト的で、ときに有害でさえある養育を行っていたかもしれない以前の養育者に対して、不安定なアタッチメントをもつことが多いです。過酷で批判的な養育環境にあった子どもたちは、すでに自分自身について多くの否定的なレッテルを貼られており、それが自尊感情の低さに加わり、有能で価値があるという自分自身の能力を信じることに影響を与えます。問題行動を子ども本人と切り離して考えることで、大人は、それでも私はあなたにとって利用可能で、ありのままのあなたを尊重するのだという明確なメッセージを、子どもに伝えられます。同じように、子どもが上手にできたことを具体的にはっきり示すことで、その子の強みや特性、資質の明確なイメージを構築し、彼らのレジリエンスを促すことができます。

　長期間にわたり活用すれば、記録を通して役に立つ行動パターンも見えてきます。たとえばある子どもが、土日や学校が休みの期間中はおとなしく座って朝食をとるけれど、学校がある日は食事中落ち着かないとします。こうした行動から里親が引き金の存在に気づき、このケースであれば、学校で何か心配事がないか子どもにたずねたり、学校と面談したりして、子どもに影響を与えている問題がないか話し合えるかもしれません。

　情報を記録することは、里親に欠かせない条件です。具体的な行動を記録しておけば、参考になる情報として、レビューの場で共有することもできます。記録から、子どもが苦労している課題だけではなく、その子が見せた強みやスキル、好ましい行動もわかるからです。子どもが苦手な点だけではなく、成長している点、人と協力できた点、うまくできた点もわかるようにするた

め、問題行動と好ましい行動の両方を記録しておくことが大切です。

　観察するだけで、行動を変えるきっかけを作れることもあります。次に紹介するのは、政府が運営する里親向けの試験的なトレーニングプログラムであるフォスタリングチェンジに参加したある里親（マージョリー）の事例です。彼女の家庭での実践は、子どもの問題行動を観察して表に記録するというものでした。マージョリーは、里子のマーカスが朝早く起きて騒ぎたてる行動を記録しました（プライバシーのため、ここでは親子ともに仮名を使用しています）。

　　　マーカスは４人きょうだいの長子で、実親から深刻なネグレクトと身体的虐待を受けていた。きょうだいは別の場所に委託された。マーカスは、とても活発で落ち着きのない男の子で、じっと座って何か、あるいは誰かに集中することが難しかった。

　　　マーカスは毎朝５時か６時頃に目を覚まし、家族全員が目を覚ますほど寝室でバタバタ暴れて大きな声で叫んだ。うんざりしたマージョリーは、何度もやめるように言ったがまったく効き目がなかった。

　　　彼女は、毎朝の出来事を観察し始めた。自分のベッドのなかで、聞こえてくることを書きとめるようにした。１週間経ったある朝、なぜかマーカスがベッドでおとなしく過ごしていた。マージョリーは観察表に可愛いらしいスマイルマークを描き、冷蔵庫のドアに貼った。

　　　マーカスにこれは何かと聞かれたので、今朝あなたがベッドでお利口にしていたことが、とてもうれしかったのだと説明した。マーカスは、自分が里親を喜ばせることをしたと知って得意げだった。それから２週間で彼の行動が変化した。朝早くに目を覚ましてトイレに行った後は、みんなを起こさないよう寝室でおとなしく遊ぶようになったのだ。しばらくすると、また眠りにつくので、学校に遅れないようマージョリーが起こしてやらねばならないのだった。

（Bachmann et al, 2011）

肯定的な行動を促す

　肯定的な行動を促すには、多くの方法があります。その一つは、**PACE**という頭文字を使って、大変な経験をしてきた子どもに働きかける際に役に立つ重要な資質を、里親に意識させるものです（Hughes, 2000）。

遊び心（Playfulness）——遊び心は、子どもにとって愛情より受け入れやすいものです。愛情が

子どもたちは、
養育者が自分の話に耳を傾け、
思いやり、励ましてくれることを
望んでいると言っています。

(Wilson et al, 2004)

育つには時間がかかるけれど、遊び心があれば関係性は肯定的で楽しいものになります。

受容（Acceptance）——子どもを無条件に受け入れましょう。たとえ行動は受け入れがたいものでも、子どもの存在自体はいつでも受け入れられます。

好奇心（Curiosity）——大人が子どもの気持ちを推測することはできませんが、興味をもつことはできます。「あなたは腹を立てていたようだけれど、どんな気分だったのかな」。

共感（Empathy）——子どもたちのことを考え、彼らが感じていることや経験しているかもしれないことを認識し、気づき、それに名前をつけることができることを示します。「あなたがそれを私に話すのは本当に大変だったと思うわ、教えてくれて、ありがとう……」「うわぁ、初めてで不安なのに勇気を出してガールスカウトの活動に参加したなんて、すごいね」。

　次の原則も心にとめておくとよいでしょう。
- 子どもを、その子ならではの資質と強みを備えた、他の誰とも違う創造的な存在として尊重します。
- 肯定的な関係性を築く——一緒に楽しい時間を過ごす、子どもの話に耳を傾ける、楽しい活動として物語を語る（読み聞かせをする）、また世界やお互いについて、その子自身の物語について話したり、学んだり、説明するといった活動を通して行います。
- 学習を促す環境を作る——子どもが失敗を許され、自分のペースで成長できる場を作ります。子どもの学びを促すための機会や選択肢を用意し、他のメンバーと同じように「家庭」生活に参加し貢献できるようにします。
- 感情を認め、許容し、名前をつけます。
- レジリエンスを高める——子どもの内的な資質と強みに気づき、励ましましょう。趣味や興味のある活動・教育に取り組むよう促しましょう。自立し、適切なリスクと責任を負い、社会や地域社会のグループに参加するよう促します。
- 肯定的なお手本を見せる——里親の子どもに対する反応の仕方、話し方、里親が自分自身や自分の感情、世界についてどう語るか、どのような行動や反応、振る舞いを見せるかなどを通して、子どもも学習します。
- （特別に子どもにとって良い、ではなく当たり前の権利として）肯定的な注目を向け、1対1で向き合う時間を作り、子どもをほめます。
- 遊び、学び、リラックスして、成長する機会があります。
- 行動に関して肯定的な期待を抱きます——温かく、明確な境界を定めましょう。
- 懲罰的ではない公正な結果を出し、それを受け入れさせます。

　批判的なアプローチよりも肯定的なアプローチを用いて行動を変えるほうがはるかに効果的で

あることが研究でわかっています（Patterson, 1987）。正の強化（報酬）を受ける行動は、再び起こる可能性が高くなります。これまでに取り上げたアプローチの多くは、子どもの協調性を高め、自己効力感を育てたければ、子どもが良い選択をしたときにできる限りそれに気づき、その行動を強化する必要があるという点で意見が一致しています。

また研究から、里親が世話をする子どもの大半は、幼少期の大変な体験のせいで一般集団よりも行動面や感情面により問題を抱えていること、里親がトレーニングが必要だと回答した三つの主な分野の一つが、「困難な」行動の管理であることもわかっています（Sinclair et al, 2000; 2005）。

これは重要なことです。もし里親が、毎日自分が世話をしている子どもの行動に対処する最善の方法を知っていれば、その子に一貫性のある経験をさせ、親密な信頼関係を築くための安全基地を提供できるからです（Briskman, 2011）。それが、子どものレジリエンス、自尊感情、自信を育てることにつながります。週1回の家庭外での「治療的」介入が、いわゆる「正解」と見なされがちですが、こうした介入に対するニーズを、代わりに里親が満たせるかもしれません（Wilson et al, 2006）。

子どもたちは、養育者が自分の話に耳を傾け、思いやり、励ましてくれることを望んでいると言っています。また、彼らは厳しいしつけを非常に嫌うため、里親は、こうしたしつけと彼らに境界線を設定することの間に微妙な線を引かなくてはなりません（Wilson et al, 2004）。

- 偏見のない態度で子どもと接し、あなたが目にする困難な行動のほとんどは、子どもが拒絶されたと感じた虐待の経験に対処する方法として学んだものであることを、理解することが重要であるということを覚えておきましょう。
- 里親は、たとえ行動が受け入れられなくても、子どもの感情や欲求は受け入れられることを、しっかり伝える必要があります。
- 里親自身が、子どもがもたらす課題に対する自分の感情的反応と行動的反応を、観察して振り返る必要があります。

安全で思いやりのある枠組み

何らかの理由で家庭を離れ、国の社会的養護のもとにいる傷つきやすい子どもたちは、肯定的で温かく養育的な、信頼できる環境におかれることで、成長していきます。

子どもたちは、次のような安全で思いやりのある枠組みを必要としています。

- ありのままの自分を尊重される。
- （特別に子どもにとって良いものではなく当たり前の権利として）1対1で向き合う時間を作り、ほめてもらえる肯定的な注目。
- 遊び、学び、リラックスして、成長する機会。
- 行動に関して肯定的な期待——温かく、明確な境界。
- 懲罰的ではない公正な結果を出し、それを受け入れる。

危険な行動への対応

優先度の高い行動とは、リスクが高く、すぐに注意を払う必要があるものです。これには以下が含まれます。

- 物質乱用、安全ではない性交渉、他の子どもに対する性的虐待、自傷行為、車の無謀運転などの、危険な行為、破壊を伴う行為または違法な行為
- 食事や入浴を拒む、喫煙、夜遊び、飲酒、薬物の使用など、成長と発育を妨げる行為
- 学校をさぼる、薬を服用しない、他人の持ち物を壊すなど、本人に重大な結果をもたらす行為

里親は、この種の行動に対処するための方略を用意する必要があります。子どもを担当する児童福祉司、実親、教師に加えて、できれば臨床心理士機関などの専門家を含む、子どもを取り巻くチームと連携して、フォスタリング機関の方針を尊重しながら子どもの行動に対応しなければいけません。

フォスタリング機関は、何が許容され、何が許容されないかについてを定めた明確なガイドラインをもっています。とはいえ、フォスタリング機関の種類にかかわらず、里親は**決して**体罰を加えてはならないという点で意見は一致しています。

里親は子どもを担当するソーシャルワーカーと一緒に、行動に対処する安全な方法を話し合い、その子に相応しい方法をとるようにします。里親担当ソーシャルワーカーが、リスクアセスメントを行う必要があるかもしれませんし、また行動への対処に関して、ワーカーから基本的なアドバイスをもらうこともできるでしょう。

養育サイクル

　養育サイクルを通して、里親は自分が提供する養育を振り返ることができます。子どもを養育する人たちは、子どもの行動と発達に大きな影響を与えます。私たちが子どもの行動にどのように反応するか、また子どもが大人の行動にどのように反応するかについては、思考や感情が重要な役割を果たしていることを覚えておく必要があります。

　養育サイクルとは、このことを示しています。

　敏感で応答性のある養育者は、子どもの欲求と行動を観察して、その欲求にどう応えて子どもの行動に反応するかを考えます。すると養育者の行動は、子どもがどのように考え、どのように反応するかに影響を与えます。

　たとえば子どもがお腹を空かせているときに、子どもの視点で世界を考え、思いやりと愛情をもって対応できる養育者が、子どもが喜ぶ健康的な食べ物を提供すると、子どもは空腹を感じなくなるだけでなく、養育者や自分の状況について肯定的な考えをもつようになります（「大人は信頼できる、自分は愛される存在である」など）。

　しかしながら、否定的サイクルが否定的な行動につながることもあります。たとえば、子どもの行動が否定的な思考（「この子の泣き声にはもううんざり！」など）を呼び起こすと、養育者の行動は子どもに対して厳しいものになったり、怠慢なものになったりする可能性があります。そうなると、子どもは放置されていると感じ、不快感を抱えたまま、自分は愛されない存在だと考えるようになり、大人を信じることができなくなってしまいます。

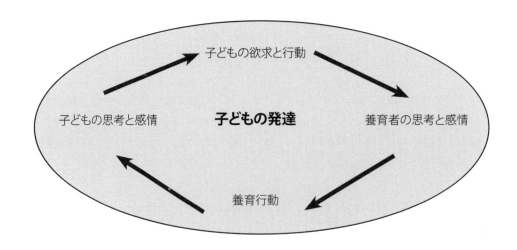

　養育サイクルは、イーストアングリア大学子ども家族研究センターのGilian SchofieldとMary Beekが考案したものです。2人の許可を得てここに転載しました。

まとめ

　この章では、数多くの理論やテクニックを紹介してきました。里親は、子どもに安心を感じさせ、その潜在能力を十分に伸ばし、肯定的な行動を促すために子どもと一緒にどんな働きかけを行うことができるかを、以下にまとめます。

- 里親は、子どもと温かく養育的な関係を築くことで、子どもに安全基地を提供できます。
- 安全基地を通じて子どものレジリエンスを高め、十分な発達を遂げられるよう支援できます。
- 里親は、これまで不安定なアタッチメントを形成していた子どもに対して、安定したアタッチメントの形成を積極的に促すことができます。
- 子どもと時間を過ごして、一緒に遊んだりさまざまな活動を楽しんだりすることで、肯定的な関係を育むことができます。
- 里親は、子ども自身が逆境を乗り越える能力があることを認識し、子どもたちがレジリエンスを高める手助けをする必要があります。
- 子どもは、ルールと期待と制限が明確に定められた、温かくしっかりした養育環境で成長していきます。
- 子どもは里親家庭に、幅広い感情や期待、さまざまな行動を持ち込みます。
- 里親は、子どもが持ち込む課題に対する里親自身の感情的、行動的反応を観察し、振り返る必要があります。
- 子どもの困難な行動は多くの場合、生きのびる手段として習得されたこと、また適切な反応をすればその行動を改善できることを、理解する必要があります。
- 子どもの行動を計画し、対処するのに役に立つ、実践的で肯定的な方略を考える必要があります。これが、安全な養育の鍵を握ります。

さらなる課題

課題4.1

　あなた自身が子どもだった頃や、10代だった頃を思い返し、あなたの選択に影響を与えたり、自信をもたせてくれた大切な人や出来事を振り返りましょう。その人や出来事のどんな部分が、あなたに影響を与えたのでしょう？

課題4.2

　里親として、あなたが対処に困るような行動はどんなものがありますか？　その行動にどのように対応しますか？

課題4.3

　あなたは、どんなことにイライラしますか？　里親として重要なことは、自分の反応、自分を苛立たせるもの、自分の期待、それが満たされないときに自分がどう反応するかを認識することです。

課題4.4

　里親はどんな形で、子どものレジリエンスを高める手助けをできるでしょう？

課題4.5

　自分をケアしてストレスに対処するために、あなたが今とっている方略を書き出しましょう。

課題4.6

　少し時間を作り、里親が活用できるテクニックやアプローチを含めて、www.uea.ac.uk/providingasecurebaseで安全基地モデルについて詳しく学びましょう。

トレーニング・セッション4の家庭での実践

1．子ども（大人でもかまいません）の肯定的な行動を見つけて、その行動についてコメントし、ご褒美を渡しましょう。
2．子どもたちの肯定的な行動を促すために、あなたの家で今使っているアプローチを書き出してください。その方法は、安全で思いやりのある枠組みにあてはまるものですか？　そうではない場合、その方法をどう変えたり適応させたりすればよいでしょう？
3．あなたや家族が対処に苦戦する可能性がある行動について、考えましょう。どんな方略やアプローチを使えば、その行動に対処できるでしょう？　どうすればその行動を減らして、より肯定的な行動を増やせるでしょう？　その行動に対するあなたの感情を振り返ることで、対応はどう変わってくるでしょう？

参考文献

アタッチメント、行動の理解と対処

Pathways Through Fostering: Attachment
Collis, A (2008)
The Fostering Network

Pathways Through Fostering: Behaviour
Butler, J (2009)
The Fostering Network

Attachment Handbook for Foster Care and Adoption, 2nd Edition.
Schofield, G, and Beek, M (2014)
CoramBAAF

Reparenting the Child Who Hurts- A Guide to Healing Developmental Trauma and Attachments
Caroline Archer and Christine Gordon

One Marble a Day
Camille Gibbs Hinton House Publishers (2014)

First Steps in Parenting the Child Who Hurts
Caroline Archer JKP (1999)

Next Steps in Parenting the Child Who Hurts
Caroline Archer JKP (1999)

Promoting Attachment: A Guide for Foster Carers and Adopters in Using the Secure Base Model
Gillian Schofield and Mary Beek
CoramBAAF (2014)

Managing difficult behaviour: How to improve relationships
Clare Pallett, Kathy Blackeby, Caroline Bengo, William Yule, Roger Weismann, Stephen Scott and
    Eileen Fursland

Coram BAAF (2015)

Teenagers in Foster Care: A handbook for foster carers and those that support them
John Coleman with Jane Vellacott Graham Solari
Maggie Solari Nikki Luke and Judy Sebba (Oct 2016)
www.reescentre.education.ox.ac.uk/wordpress/wp-content/uploads/2016/12/TeenagersInFoster
    CareHandbook-Web-version.pdf

Attachment theory and research
www.fosteringandadoption.rip.org.uk/topic/attachment-theory-research/

The Fostering Network: Attachment
www.thefosteringnetwork.org.uk/advice-information/looking-after-fostered-child/attachment

Fostering Changes: how to improve relationships and manage difficult behaviour, 2nd edition.
Bachmann et al (2011)
CoramBAAF

How Children Develop
Siegler, R, DeLoache, J and Eisenberg, N (2006)
Worth Publishers

Managing Difficult Behaviour: a handbook for foster carers of the under-12s
Pallett, C, et al
British Association for Adoption and Fostering (CoramBAAF)

Nurturing Attachments: supporting children who are fostered or adopted
Golding, K (2008) Jessica Kingsley Publishers

Promoting Resilience: supporting children and young people who are in care, adopted or in need
Gilligan, R (2009) CoramBAAF

Hands on Scotland, ideas for promoting positive behaviour
www.handsonscotland.co.uk

The secure base model — University of East Anglia

www.uea.ac.uk/providingasecurebase

▌日本語の参考文献────────────────────────

相澤仁監修／上鹿渡和宏・御園生直美編（2021）『中途からの養育・支援の実際──子どもの行動の理解と対応』（シリーズ みんなで育てる家庭養護【里親・ファミリーホーム・養子縁組】）明石書店

ジェニファー・ウェイクリン／御園生直美・岩﨑美奈子監訳（2023）『里親養育における乳幼児の理解と支援──乳幼児観察から「ウォッチ・ミー・プレイ！」の実践へ』誠信書房

ジリアン・スコフィールド、メアリー・ビーク／御園生直美・岩﨑美奈子・高橋恵里子・上鹿渡和宏監訳（2022）『アタッチメント・ハンドブック──里親養育・養子縁組の支援』明石書店

カレン・バックマン、キャシー・ブラッケビィ、キャロライン・ベンゴ、カースティ・スラック、マット・ウールガー、ヒラリー・ローソン、スティーヴン・スコット／上鹿渡和宏・御園生直美・（特非）SOS子どもの村JAPAN監訳（2017）『フォスタリングチェンジ──子どもとの関係を改善し問題行動に対応する里親トレーニングプログラム【ファシリテーターマニュアル】福村出版

クレア・パレット、キャシー・ブラッケビィ、ウィリアム・ユール、ロジャー・ワイスマン、スティーヴン・スコット／上鹿渡和宏訳（2013）『子どもの問題行動への理解と対応──里親のためのフォスタリングチェンジ・ハンドブック』福村出版

第**4**章

第 5 章

安全な養育

子ども時代は、
自分の安全に責任をもつことを
学ぶ時期です。
里親の役割は、
子どもがそうなるための
手助けをすることです。

はじめに

　公的機関には、里親養育を受ける子どもを保護する義務があります。このことは、イギリス全土の法律に定められています。つまり、子どもの安全を守ることは里親の基本的な責任であり、里親は、子どもに接する他の専門職と一緒にこの責任を担うのです。

　とはいえ、里親養育とそれ以外の専門職との違いは、里親養育が里親の自宅において、家族の日常生活の一部として普段の生活と並行して行われることにあります。この取り決めは子どもに大きなメリット——安定性、安全性、ある程度の一般的な暮らし、学習と成長の機会——をもたらします。けれども、また自宅というくつろげる環境で子どもと暮らす里親には、リスクや課題ももたらします。里親が提供する養育をめぐって——他の児童福祉関係者と同じように——さまざま苦情を受けるおそれもあります。

　本章では、以下について理解を深めていきます。
- 安全な養育の法的背景
- 子どもの安全と、里親とその家族の安全との関係性
- リスクの捉え方、リスクへの前向きな対処法
- 広い意味で子どもの安全を守る——家出、いじめ、オンライン
- 被措置児童等虐待届出・通告と、被措置児童等虐待届出・通告への対応手順

第**5**章

里親にとっての意味

　里親は、子どもを取り巻くチームとして象徴的で社会的な共同養育を行う専門的な養育者の一員です。

　里親の責任は法律で定められているため、保護原則に関わる規定のなかに、里親も記載されています。措置計画を決定する打ち合わせや振り返りで協議された内容を理解するために、里親が、法的な背景、里親養育を受ける子どものための

用語ワンポイント解説

安全な養育とは、里親が子どもを守ると同時に、里親自身と家族が被措置児童等虐待通告を受けるリスクを防ぐための行動を指します。委託された子どもに成長と学習の機会を与えるために、リスクの度合いにあわせて対応することが、大切です。

取り決め、よく使われる法律用語（親権など）を知って
おくことが大切です。

そのため、里親はその責任の一環として、リスクを評
価して専門的な判断を行い、子どもを危害から守り、子
どもを取り巻くチームのメンバーと連携するために適切
な措置をとる必要があります。

また、子どもに関わる計画や意思決定、誰のもとでど
のように社会的養護を受けるかなどに関して、必ず本人
の意見を聞くようにするべきです。里親は独創性や注意
力を求められる場合もあり、ときには、子どもの意見を
反映させるために強く主張しなければなりません。

最終的に、すべての里親は、里親養育という仕事に携わる限り、新しい知識を身につけ学び続
ける必要があるということです。

虐待とネグレクト

里親に委託された子どもは虐待やネグレクトを経験していることが多いため、とりわけ傷つき
やすい集団と見なされています。

虐待とネグレクトには、さまざまな種類があります。

心理的虐待

あらゆる虐待は、加害者と被害者のパワーバランスの偏りを背景として生じるものです。

性的虐待、身体的虐待、あるいはネグレクトを受
けた子どもは、必ず心理的虐待を経験しています。
他方で、心理的虐待だけが見られて、他の形の虐待
を伴わない場合もあります。心理的虐待には多くの
形があります。ネグレクト、いじめ、排除・拒絶、
スケープゴートにされる（きょうだいのなかから、特

> 性的虐待、身体的虐待、ある
> いはネグレクトを受けた子ど
> もは、必ず心理的虐待を経験
> しています。

定の子どもが虐待やネグレクトの対象に選ばれる)、軽視などは、すべて虐待行為にあたります。

　加害者がマイノリティ集団に対して否定的な態度をとった結果として、心理的虐待が起きることもあります。人種差別とホモフォビア（同性愛嫌悪）は、個人のアイデンティティに対する攻撃の一つであり、差別を受けた相手に生涯にわたる影響を及ぼします。

　心理的虐待や、場合によってはそれ以外の形の虐待が、信仰や礼拝を隠れみのとして行われたり、これらの名のもとで正当化されたりすることもあります。これが、強く支持されている信念体系や伝統、さらにはすでに人種差別を受けているマイノリティ集団の敏感さなどと相まって、緊張に満ちた複雑な問題へと発展することもあります。

身体的虐待

　身体的虐待とは、ある人物が別の人物に怪我を負わせたり、苦痛や辱めを与えたりすることです。

性的虐待

　性的虐待は、里親養育のなかで多くの里親が頭を悩ませる問題です。里親自身は性的虐待を受けた経験がなく、この問題を理解して話題にすることが比較的難しいからです。

　性的虐待が、必ずしも子どもへの身体的暴行を伴うわけではないこと、そして、発話障害、言語障害、学習障害、身体的障害のある子どもは——その特性ゆえに——とりわけ性的虐待を受けるリスクが高いことに注意する必要があります。

　子どもよりも情緒的または知的に成熟した人物が、子どもに次の行動のいずれかをさせた場合、それは性的虐待にあたります。
- 性交およびそれ以外の挿入を伴う性行為。
- 性的な接触。
- ポルノを見せるか送りつける。あるいはポルノの制作に関わらせる。
- 会話のなかでわいせつな話題や性的な話題を取り上げる。
- 子どもに対して、他人と性的な行為をするか、自分の体を使って性的な行為をするようそそのかす。
- 子どもに性的な行為を見せる。

性的虐待に伴って生じる秘密、脅し、思考の歪みも、性的虐待それ自体と同じように子どもに

ダメージを与えます。心理的なダメージが、身体的なダメージ以上に子どもに長期的な影響をもたらすこともあります。

もちろん、性的虐待によってすべての子どもが同じように影響を受けるわけではなく、虐待の影響は多くの要因に左右されます。この要因には、子どもと加害者の関係性、虐待が行われた期間、虐待が発覚した後に受けた支援の内容などが含まれます。子どもが打ち明けるまで、虐待が行われていた兆しがまったく見られないこともあります。

若者が互いに危険を及ぼすおそれもあります。その背景は一様ではなく、里親家庭の外でリスクが生じることもあります。ただし、注意すべき点として、同じ里親家庭に暮らす若者の間で性的虐待が起こることもあります。「デートレイプ」が若者にリスクをもたらす場合もあり、脅迫とレイプが非行グループの代名詞になったり、成人が単独または集団でこうした行動をとることもあります。

Finkelhorら（2008）は、デジタルの世界を対象とした研究のなかで、次の場合に子どもはオンライン・グルーミング[1]の被害にあう危険性が高まると警告しています。
- ロマンスや恋愛に対する考え方は幼稚であるが、性行為を体験してみたいという欲求が強く、セックスを話題にしたがる。
- 孤独で自尊心が低く、友情を求めている。
- 自分のセクシャリティに悩んでいて、衝動的な行動をとり、あえてリスクを負いがちである。
- アタッチメントの問題を抱えていて、自分の悩みを信頼できる大人に相談しにくい。

ネグレクト

ネグレクトとは、子どもに適切な情緒的・物理的な環境を提供しないことです。ネグレクトは基本的には「不作為」であり、養育者が、子どもの成長と発育に必要なものを与えない場合を指します。

子どもが一定の期間ネグレクトに近い状態におかれても、深刻な悪影響が生じないこともあります。たとえば、病気や経済的な困窮などの問題で親に心の余裕がなくなり、しばらく子どもに目が行き届かなくなることもあります。親だって人間なのです。ひときわストレスが多い時期には、常に子どもを最優先にしていると言える人などほとんどいないでしょう。

1　監訳者注：性的虐待を目的にネット上で子どもに近づき、オンラインで子どもとのやりとりをする中で信頼を得る行為のことです。

他者に対する
虐待とネグレクトは、
すべての人の心に
強烈な感情を引き起こします。

慢性的なネグレクトには、さまざまな形があります。十分な食事を与えない、寝具やベッドなどの生活必需品がない、生活環境が不衛生あるいは危険である、子どもの健康状態や治療の必要性に注意を払わないなど。慢性的なネグレクトが長く続くと、子どもの身体的、情緒的、認知的な発達に影響が生じて、長期的なダメージが生じることがあります。

子どもが有害な情報に触れるのを妨げないことも、ネグレクトに含まれる場合があります。里親養育を受ける子どものなかには、物理的な意味で性的虐待は受けていなくても、ポルノや大人の性的な行為を実際に見たり、あるいはデジタル画面を通して目にした経験がある子もいます。

虐待とネグレクトの真実

虐待とネグレクトの真実に目を向けましょう。実際には、里親を含めて全員とは言わずとも多くの養育者が、ある種の逆境におかれると、子どもの欲求を見落としてネグレクトや虐待的な行動に陥ってしまうおそれがあります。幸い、そうした状況は基本的にまれであり、適切な養育の水準を大きく下回るものではありません。

とはいえ、虐待やネグレクトと紙一重のところにいる親や、養育の実態が満足できる水準を大きく下回っている親もいます。すでに児童保護サービスを受けている家族だけではなく、法定サービス機関が関わった経歴がない家族に対しても、保護手続きが発動されることがあります。

実親家庭や養育先から逃げ出した子どもや、障がいがある子どもなど、虐待を受けるリスクが高い子どももいます。

時が経つなかで、異なる加害者から異なる種類の虐待を受ける子どももいます。虐待の加害者は、男性であることも女性であることも、それ以外の若者である場合もあります。虐待は文化や階級、所得水準を問わず起こり、家庭内で行われることもあれば（これが最も多い）、知り合いの大人や見知らぬ人が加害者になることもあります。国境を超えることもあります（人身売買など）。ある種の虐待は、特定の文化や信仰に特有のものです（女性器切除など）。

虐待には、病気、養育者の自制心の欠如、薬物乱用、貧困による関係の破綻、複合的な社会的問題を含むさまざまな理由があります。ときには、グルーミング[2]や見返りの提示を伴う、計画的に行われる略奪的な虐待行為もあります。子ども一人ひとりについて、虐待の理由を探りできる限り詳しく理解する必要があります。

2　監訳者注：グルーミングとは、性的な行為を目的に子どもの心をつかむことを言います。

虐待とネグレクトは、デジタル時代以前から行われてきました。けれど、携帯電話とインターネット技術の登場によって、大きな利便性がもたらされる一方で、虐待の手段が増えています。若者のなかには、「バーチャル」な世界は現実の世界と別物であると考えて、危険を冒してもかまわないと感じている人もいます。そのために、保護が難しくなります。

他者に対する虐待とネグレクトは、すべての人の心に強烈な感情を引き起こします。

子どもの安全を保ち、あなたと家族を守る

多くの子どもが、問題やトラウマを伴う過去の養育体験を抱えたまま、里親養育を受けています。前のセクションで説明したように、彼らはこれまで虐待やネグレクトを受けていたかもしれません。何人もの養育者と何度も離別を経験してきた可能性もあります。

子どもは本来、自分を育ててくれる大人に信頼を抱くべきですが、多くの委託される子どもは、信頼を育んだ経験が一度もありません。ときには、大人が子どもの信頼につけ込むせいで、子どもの心の健康と発達が損なわれてしまうこともあります。

里親は、子どもがたとえ里親養育という比較的安全な環境にあっても、さまざまな形で害を受け続けるおそれがあることに、注意する必要があります。里親に委託される子どもも他の子どもと同じように、日常生活に潜むさまざまな危険や事故によって害を受けるリスクがあります。けれど里親に委託される子どもの場合、家庭で基本的なスキルを教えられていない、あるいは発達に問題があるなどの理由により、こうした危険を的確に予測し判断することができないかもしれません。

傷つきやすく他人を信頼しすぎるせいで、リスクにさらされる子どももいます。見知らぬ人への警戒心を身につけていないせいで、あるいは他人の注目と愛情を求めるがあまり搾取されやすくなるせいで、リスクにさらされる子もいます。アドレナリンを放出することで気分をハイにしたいから、つらくて悩ましい気持ちを遮断したいからという理由で、あえて危険な状況に身をおく子どももいます。匿名性があって現実からの逃避場所になるオンラインの世界は、とりわけ大きな脅威になるおそれがあります。ネット上では抑制が利かなくなり、進んでリスクを犯しがちになる子どももいます。

里親として、受け入れる子どもの養育歴をできる限り知っておく必要があります。前の里親の「安全な自立支援計画」（131ページのコラム参照）や「デジタルツールを使うときの約束」の内容

を含めて、これまで誰がどのようにその子を世話してきたかを把握するのです。可能であれば子どもの実親とも話をしておくとよいでしょう。こうした情報を集める目的は、委託された子どもがあなたの家で安心して養育を受けられる方法を考えるための参考にすることです。

受け入れる子どもの養育歴をできる限り知っておく必要があります。

The Skills to Foster では、里親が子どもに安全基地を用意し、子どもが成長の自然な過程として一定のリスクを負うことを学べるようにすることの大切さを、何度も説いてきました。里親との安定したアタッチメントがある子どもは、そうでない子どもよりも上手に自分の身を守る判断を下し、里親に助けを求め、里親に害を加えられることはないという信頼感を育めるでしょう。つまり、こうした子どもたちはより安全に過ごすことができ、里親も、被措置児童等虐待届出・通告や苦情を受けにくくなります。

こうした前向きで現実的な取り組みを、家庭での安全な自立支援計画や、さらには里親養育を受けるすべての子どもに必要な細かな取り決めに、盛り込む必要があります。子どもに重点をおいたポジティブな養育が子どもにとって一番大切であり、里親を確実に守ることにつながります。

もちろん、家庭内にあなたの実子もいたり、複数の子どもを養育していたりする場合には、家庭内の基本的なルールのうち全員が守るものはどれか、どのルールに関しては、一人ひとりの子どもに合わせて見直しを行い、納得してもらう必要があるかについて、話し合わねばなりません。里親だけではなく、家庭内の誰もが被措置児童等虐待届出・通告や苦情の対象になる可能性があり、里親の実子のウェルビーイング（心身の健康）とニーズにも配慮する必要があるからです。安全な養育とは、実子が安全で幸せに暮らせることでもあります。

家族のルール

家族は、規模が大きくなり進化するに従って、プライバシーや空間の管理の仕方、誰がどの仕事を受けもつか、愛情をどのように表現し、意見の対立をどう解決するかなど、その家族ならではのルールを編み出していきます。どの家族にも独自の文化があると言えるでしょう。里親養育を受ける子どもをはじめ、その家に滞在する人は、こうした独自の文化を学ばなければなりません。

家族のルールの興味深い点は、口に出して話し合われていないのに、そのルールが定着していることです。誰かが破って初めて、ルールの存在が明らかになることもあります。たとえば、歯

ブラシを共有しないといった衛生面のルールを、全員できちんと話し合っている家族はほとんどいません。にもかかわらず、誰かがうっかり自分の歯ブラシを使ったと知ったら、使われた本人は腹が立ち、嫌な気分になるでしょう。

もしあなたが自分の家を追い出されて、見知らぬ家庭に放り込まれたらどうでしょう。外国に来たような気分になるはずです。その家庭の「ルール」に少しずつ慣れていくにしても、ある程度の時間が必要ですし、家庭内に誰か教えてくれる人がいない限り、何度も間違えてしまうでしょう。

親族里親の場合、自分は委託された子どもの家族とつきあいがあるから、実親家庭の様子をもともと知っている、あるいは以前から子どもの面倒を見ていたなどの理由で、家族のルールなどあまり心配する必要はないと言う人もいるかもしれません。それは間違いです。同じ家庭は一つとしてなく、養育へのアプローチは親によって（あるいは家庭によって）異なります。子どもを前から知っていたかどうかに関係なく、その子が安心してくつろげるよう、あなたの家庭や、家族のルール、安全な養育方針に子どもが馴染める手助けすることが大切です。

すでに委託された子どもを受け入れている場合、あなたと子どもの実親との養育の仕方のどんな点が似ていて、どんな点に違いがあるか、またそれが現在および将来的に子どもにどんな影響を与える可能性があるかを、考えてみましょう。

家族で率直に話し合うとよいでしょう。里親養育を始める段階で、子どもが安心感を抱き、あなたも、自分と実子を守るため最善を尽くしていると実感できるよう、家庭内の取り決めをいくらか変更することになるはずです。

「安心感」について話し合うことが、安全な養育を行ううえで重要な要素になります。家族のルールを説明する際に、何があれば安心を感じるか委託され

安全な自立支援計画

里親家庭での安全な自立支援計画には、デジタルツールを使うときの約束など、子どもの安全を守り、委託先で安心感を得られるように考案されたさまざまな取り決めが含まれます。

この計画では、子ども一人ひとりがおかれた状況と、その子の成育歴を考慮するようにします。子どもの成長や、家庭内での関係性の変化に合わせて話し合いを行い、自立支援計画を定期的に見直してください。新しく子どもが委託されるたびに計画を改めて確認し、必要に応じて修正するようにします。安全な自立支援計画づくりは1回限りの作業ではなく、絶えず見直しを行う必要があるのです。児童相談所や民間フォスタリング機関は、里親が参考にできるよう、安全な自立支援計画の見本をいくつか用意しておくとよいでしょう。

第 **5** 章

た子どもと話し合うこともできます。

　カップルとして里親養育を行う場合には、認定を受けた時点で、どちらの里親も、子どもが必要とするすべての養育を提供する能力を備えた安全な人物として認められたことになります。そのため、養育に伴う役割をどのように分担するか、慎重に考える必要があります。子どもが感じたり考えたりしてはいるけれど、必ずしも言葉にしていないこと、あるいは口にできないと感じていることがないか、注意深く観察し敏感に察知すれば、家庭間での養育役割の分担方法を決めるのに役立つでしょう。

　実親や以前の里親が、お風呂の時間やベッドに入る時間にどのように接していたかを知れば、誰が身の回りの世話を受けもつのが子どもにとって一番自然かを判断するための、手がかりが得られるでしょう。里親が男女のカップルの場合も、子どもの身の回りの世話をするのは女性と決めつけたりせず、その子がどんな世話に慣れているか、どうすれば安心感を与えられるかを考えましょう。

　自分の家族のルールを意識すれば、おそらく、子どもの実親家庭や以前の里親家庭で決められていたルールに注意を払いやすくなるでしょう。たとえば、あなたの家では誰でも自由に冷蔵庫を開けておやつを食べられるかもしれません。でも、子どものなかには、今までそれが許されなかった子もいて、その子は、誰も見ていないときに食べ物をこっそり持ち出したり、自分の部屋のどこかにお菓子を隠したりしていたかもしれません。

> 「汚れた服はカゴに入れておかないと、洗濯してもらえないんだよ」　　　アヴィ（9歳）

> 「部屋のルールがあるの。妹も私も、お互いの部屋には入らないこと。あの子が私の服をとって、けんかになっちゃうから。ママとパパは、ノックすれば入っていいけど、私がいない間に部屋のものを動かしてはダメ」　　　サラ（15歳）

　毎日のちょっとしたことをめぐって、互いに納得できる家族のルールを決めておけば、安全な養育に関わる問題を、簡単に自然な形で生活に取り入れることができます。ただし、ルールと安全な自立支援計画を定めるだけでは、足りません。安心感について話し合うことが、全員の安全を守る文化につながります。

あなたの家族のルールを見つけよう

家族で話し合いましょう。普段の態度や行動の裏に、どんな前提や原則があるでしょうか？　あなたの家族の生活の様子について何か気づいたことはないか、友人にたずねてみましょう。

リスクへの対応能力：子どもはどうやって、自分の安全を守れるようになるか

　里親は、この人なら子どもの安全を守ってくれるという、実親や公的機関が里親に寄せる信頼を、強く意識しています。来る日も来る日も、24時間その責任から解放されることはなく、誰よりも重い負担を負っているように思えることも多々あります。

　けれど、現実を見るとどうでしょうか？　たとえば子どもは、携帯電話やパソコン、ゲーム機を使ってインターネットにアクセスできます。子どもが何をしているか、里親がつきっきりで見張ったり、監督したりするのも、容易ではありません。子どもを見守るにしても、実際にできる範囲で対応するしかなく、里親だけが責任を負うわけではありません。児童相談所の児童福祉司、フォスタリング機関の職員や、可能であれば実親とも話し合って、責任を分担する必要があります。

　子どもの安全を守りつつ、学習と成長のために世界の探索につながる環境を用意するのは、難しい仕事です。その理由は一つには、二つの目的の間に対立があるからですし、現代の私たちが、リスクに敏感で何事もすぐに裁判沙汰になる社会に暮らしているせいでもあります。里親にとって厄介なのは、失敗したりケガを負ったりする危険がある活動を禁止すると、子どもが本来必要とする学びや成長を得られないことです。むしろ、一定の危険を伴う活動を避けるせいで、かえって子どもの安全が損なわれる可能性もあるでしょう。

　子ども時代は、将来自分の安全を自分で守れるよう学習する時期です。里親の仕事は、どれくらい泳げるか、デジタルの世界でどのように振る舞うかなど、子どもが身の安全を確保できるようになる手助けをすることです。日常生活のどんな体験や活動からも——世界について、自分自身について、他人について——学びを得られます。遊びや娯楽、ちょっとした冒険からも、正式な教育の場で得られるのと同じくらい多くを学べるのです。

　研究者や心理学者は、子どもはときに、リスクを負うことを通じて学ぶ必要があると認識しています。もし「リスクへの対応能力」を伸ばしたければ、肉体的な限界に挑戦して困難に向き合う経験が欠かせません（Eichsteller and Holthoff, 2009）。研究者や心理学者は、ある程度の危険と失敗の可能性を伴う活動を子どもにさせない文化は、想定内の危険を負わせる文化よりも、実は本人にとって危険であると主張しています。

「自分の家に
ルールがあるなんて
思いもしなかった。
でも話し合ってみると、たくさん
あることに気づきました。
シルムが来たからといって、それほど
ルールを変えなくてもよかった。
ルールがあると気づきさえすれば
よかったんです──そうすれば、
うちのやり方をシルム
に教えられるから」

里親の実子（17歳）

これは里親にとって難しい問題です。児童相談所が、養育に伴う一部の活動を一律に禁止することもあります。そのせいで里親は、子どもによって異なる欲求に配慮しにくくなります。里親は、子どもの安全を守るだけではなく、子どもがリスクを負うのを認めることも求められます。両者の葛藤を、どうすれば解消できるでしょう？

これには二つの方法があります。

- 第一に、どうすればその子の自信とスキル向上につながる挑戦を見つけられるか、子どもの担当者と話し合いましょう。そのためには、挑戦を促す体験を子どもの生活に取り入れる方法を、里親が積極的に考えなければいけません。

リスク特性は人それぞれ

注意しましょう。同じ11歳でも、学校まで800メートルの道のりを自転車で通えるスキルとリスクコンピテンスを備えた子もいれば、そうでない子もいます。13歳の子のなかには、SNSを安全に利用できる子もいれば、そうでない子もいます。

- 第二に、リスクアセスメントに細心の注意を払いましょう。この言葉は使い古されていて、里親も聞き飽きたかもしれません。けれど、禁止する理由を探すのではなく、有意義な体験をさせる方法を探すのに役立つのであれば、リスクアセスメントへの見方が一変するかもしれません。

この二つに注目することで、里親と子どもの担当者は、子ども一人ひとりの学びを促すリスクと、そうでないリスクについて話し合えます。こうした考え方をすれば、リスクを一緒くたに考える心配もなく、それぞれの子どもの学びとウェルビーイングを促す活動に全員が目を向けられます。

第**5**章

特定の場面で子どもの安全を守る：家出、いじめ、オンライン

家出する子どもの安全な養育

里親家庭から逃げ出す子どもは、さまざまな被害を受けやすくなります。たとえ一晩だけであっても、家出を決して軽く考えてはいけません。家出した子どもが、寝る場所と食べ物を求めて、親切そうな顔をして子どもにつけ込む大人に近づくおそれがあります。

薬物の売買や売春などの犯罪に関わる人と、つながりをもってしまう可能性もあります。子どもを搾取する大人は、ひとりで活動する場合もあれば、暴力団や複雑な組織の一員である場合も

あります。虐待される危険があるにもかかわらず、実親家庭に戻ってしまう子どももいます。他方で、家出した若者たちのグループに近づき、薬物やアルコール、性的暴行などの危険にさらされる子どももいます。

なぜ家出するのか？

　安定した生活と人間関係をもつ大人から見れば、子どもが家出に走る理由は理解しがたいものです。親族里親は、実親家庭のメンバーや友人の期待に応えられなかったと感じて、罪悪感や自責の念にとくに苦しむかもしれません。

　自分の話を聞いてもらえないと感じて、家出する子もいます。委託先が、実親家庭や住み慣れた場所から遠いことが、理由である場合もあります。子どもの知人がその子に大きな影響を与えていて、実は虐待や搾取を行うことが目的なのに、お金をあげる、友だちになろうなどともちかけることもあります。一度こうしたつながりができると、何度も脅されたりゆすられたりすることになりかねません。

　学校に馴染めない、実親を裏切ったように感じるなど、気持ちの面でうまく折り合いをつけられなくて家出する子もいます。さらに一部のケースですが、里親家庭内に虐待の問題があることもあります。

　公的機関は、法律によって、子どもが家出した際の関係者の責任を明記した政策と手続きを定めるよう義務づけられています。里親が、こうした政策や指針の存在と、どこでそれを見られるかを知っておくことが非常に大切です。また、子どもが家出した場合の里親の責任について、研修や支援も受ける必要があります。家出歴のある子どもを安全に養育するため、里親はガイドラインに従い、子どもを取り巻くチームのメンバーと緊密に連携をとるようにします。

なぜいじめは、安全な養育を行ううえで問題になるのか？

　自分自身の子ども時代や学校に通っていた頃を振り返ると、いじめられた経験がある人も多いかもしれません。いじめが短期間で終わった——腹は立ったが長くは続かなかった——という人もいれば、深刻に悩まされた人もいるはずです。他方で、程度の差はあれ自身がいじめに加担した人もいるでしょう。

　里親にとっての問題は、いじめがよくあることと片づけられがちなことです。いじめを受けた子どもは、よく「気にするな」「もっと強くならなきゃ」と言われます。「いじめっ子にやり返せ」、殴られた

> 里親にとっての問題は、いじめがよくあることと片づけられがちなことです。

ら殴り返せとアドバイスされることもあります。けれど、いじめは簡単に片づけたり、笑ってすませられたりする問題ではありません。多くの子どもにとって深刻な問題であり、里親養育を受けている子どもや若者にとっては、非常に切実な問題なのです（Ofsted, 2009）。

いじめは、誰もが通る道なのか？

　まず、いじめとは何かを考えましょう。さまざまな理由から、子どもがいじめを受けやすくなることがあります。人種差別に関わる問題や、子どもの障がい、外見、話し方が原因になることもあります。理解しておく必要があるのは、言葉によるものや暴力によるもの、対面でのいじめやテキストメッセージ、メール、SNSでのいじめなど、どんな形で行われるかにかかわらず、いじめとは力の格差だということです。相手に無力感や恐怖、孤立感を味わわせることで、特定の人物（または集団）が、自分は強くて重要な存在であり、人気があると感じることができる。それが、いじめです。

　オンラインでのやりとりがいじめにあたるかどうか、判断に悩む場合もあります。ある人にとっては冗談であっても、言われた相手が侮辱と感じたりするからです。ネットは口調や身振りを伴わないせいで、発言者の口調や意図もはっきりつかめません。判断の目安として、何度も繰り返し中傷された場合にはいじめと見なしてください。

　調査によると、いじめを受けた子どもの3分の1が、自身もいじめる側に回っていると言います。こうした子どもは、情緒面と行動面が絡み合った複雑な問題を示します。

　このタイプの子どもは、怒りや苛立ちなどの感情をうまくコントロールできず、からかわれたり脅されたりすると非常に感情的に反応し、相手に仕返しをする傾向が見られます。純粋な被害者（いじめられても、いじめ返すことはしない）と同じように、落ち込んだり不安に陥ったり、仲間外れにされて友だちができなかったりする場合もあります。

　とはいえ、そうした子どもには、純粋ないじめっ子（自分がいじめられることはない）と同じように、ルールを破る、攻撃的に反応する、異常に活発であるといった傾向が見られがちです。彼らが必要なサポートを受けられるようにする必要があります。

なぜいじめが、里親養育を受ける子どもにとってとくに問題になるのか？

　里親養育を受ける子どもは、さまざまな理由からとりわけいじめを受けやすくなります[3]。新しい委託先で心細く感じ、自信を失っていることもあります。

3　監訳者注：たとえば、里親と名字が違うなど、一般的な子どもと異なること多くあったり、小学校での1/2成人式などで、自分が里親家庭にいることと直面させられることがあります。

多くの要因から、子どもは、自分は他の子と違うと感じたり、見下されて不安を感じたりします。自分の経験について信頼できる大人に相談できない場合、リスクはさらに高まります。

いじめはどんな影響を及ぼすか？

子どもがいじめられていないか知るための手がかりは、たくさんあります。子どもはいじめを受けると、学校を休むために仮病を使ったり（不安から本当に体調を崩すこともある）、特定の活動への興味を失ったり、楽しく遊べなくなったり、引きこもりがちになり口数が減ったり、ケガが隠れる服装をしたり、ネット上でいじめられている場合には、携帯電話やパソコンを四六時中気にしたりします。

いじめは深刻な影響を与えるおそれがあり、子どもの発達と心の健康を長期的に損ないます。いじめが、不登校、転校、家出につながることもあります。食欲や睡眠、自信、人間関係などに影響が生じたりもします。

ネット上で嘘の情報を広められると、本人の評判や将来の仕事などに長期的な影響が及ぶこともあります。自傷行為や自殺も、もとをたどればいじめが原因という可能性もあります。まわりの大人がいじめに気づいている場合もあれば、気づかない場合もあります。

里親に何ができるか？

- リアルの世界かSNSかを問わず、子どもがいじめられていないか注意しましょう。
- 学校のいじめへの対応方針を把握しておきましょう。
- 新しい学校に通う前に、里親養育を受ける子どもに対する支援と統合を学校側が考えているかどうか、確認しましょう。
- あなたがその子に「普通の生活」をさせているか、確認しましょう。ある種の行動／取り決め／遅れのせいで、子どもがまわりから浮いていないか？　他の子と同じようにデジタル機器を使えているか？
- 予防策として、いじめから身を守る方法を子どもに話しておきましょう。
- いじめを受けていると感じたら、子どもを取り巻くチームのメンバーと話し合いましょう。いじめを解決し、子どもを支えるための方略を話し合って決定します。
- 見て見ぬふりはしないこと！

デジタル世界での安全な養育

多くの子どもは生まれたときからデジタルに触れ、幅広い恩恵やチャンスを手にしています。現代の子どもはたいてい、スマートフォン、ゲーム機、タブレット（iPadなど）、テレビを使ってインターネットに接続しています。

　子どもは、さまざまなインターネット掲示板を通じて友だちや家族とつながることができます。多くの若者が、SNSを使って友だちと会う約束をしたり、チャットを楽しんだりしています。SNSサイトを使って、意見や写真を共有したり交流したりもしています。こうしたサービスを利用して、友だちに勉強の相談をする子もいます。今では学校も、生徒がインターネットを使って宿題をしたり、過去の試験問題を見たり、クラスメートと一緒に作業することを想定しています。

　年齢の高い子どもの場合、オンラインフォーラム、二次創作サイト、映画チャンネル、ブログサイトを通して、アイデアを追求して自己認識を育むとともに、デジタルスキルと自信の向上にもつながる機会を得られます。

　年齢の低い子どもの場合には、メッセージのやりとりやオンラインチャット、オンラインでの友だちとのつきあい方、ネットに投稿してよい情報といけない情報の違いなどを、学ぶとよいでしょう。

なぜデジタル世界での安全な養育が、問題になるのか？
　インターネットにはメリットもあるものの、さまざまな課題やリスクももたらします。傷つきやすく、アタッチメントの問題を経験していることもある、社会的養護を受ける子どもであればなおさらです。自信をもてない子もいますし、ネットの世界で悪目立ちしたがる子もわずかながら存在します。

　グルーミングの被害やオンラインポルノを目にする危険は、ほぼ間違いなく、子どものネット利用をめぐって大人が何より心配する部分です。これらは確かに恐ろしいものですが、最もよく見られる脅威ではありません。ネットを通じて子どもが自ら危険に身をさらさないよう、注意してください。このリスクをできる限り抑えるため、取り組む必要があります。

　ネット上では、現実の世界では考えられないような危険な行動をとりたくなることもあります。ネットの世界では、大人も子どもも自制心が薄れ、あえてリスクを犯したくなる場合があります。たとえば、次のようなリスクが考えられます。
- SNSサイトで個人情報を公開する。
- ネットいじめ（SNSやテキストメッセージを使って、オンラインでいじめを行う）。
- 小児性愛者によるグルーミング。
- 大人の目が行き届かない場で、危険な人物（家族や友だちを含む場合もある）とやりとりする。
- 「セクスティング」——自分や他人の性的な写真やメッセージを送る行為。これは危険な行為であるだけでなく、被写体が18歳未満の子どもである場合、違法です。

- ネット中毒、デジタル依存。
- オンライン詐欺などの消費者トラブル。
- 有害コンテンツをダウンロードする、著作権を侵害する。

デジタル世界での安全性を高めるため、里親に何ができるか

里親としてのあなたの役割は、積極的に子どもに関わり、ネット上（およびオフライン）でのリスクや、そのリスクを管理する方法を子どもが自分なりに意識し理解を深められるよう、手助けをすることです。安全な養育の他のすべての要素と同じように、デジタル化が進む世界で普通の生活を送る権利と、子どもの安全をできる限り守る必要性との間で、バランスをとることが欠かせません。

> デジタル化が進む世界で普通の生活を送る権利と、子どもの安全をできる限り守る必要性との間で、バランスをとることが欠かせません。

基本的には、自身の未熟さに加えて、ネットの力を十分に理解していないせいで、子どもはオンラインで搾取される危険があります。

- あなた自身のデジタルリテラシーを、高めましょう。デジタルスキルやネットスキルについて、あなたと子どもがどんな知識やスキルをもっているか、考えてみましょう。もっと詳しくなるには、どうすればよいでしょう。児童相談所や民間フォスタリング機関が、IT研修を実施すべきです。
- 家庭内でネットの使い方を管理するために、どんな話し合いをどのくらいの頻度で行う必要があるか、考えましょう。家族全員が使うデバイスにどのソフトウェアをダウンロードしてよいか、あなたの家のルールを説明しなければなりません。子どもが、音楽やゲーム、アプリをネットで購入する方法も、決めておきましょう。家庭内で「デジタルツールを使うときの約束」のたたき台を作ることもできます。
- ネットの使用について、どうすれば子どもとの間で信頼と理解を育めるか、考えましょう。
- ネット上での安全を確保するために、具体的な手助けが必要ですか？　たとえばあなたは、X（Twitter）で位置情報をオフにする方法を知っていますか？　プライバシー設定は？　虐待を通報する方法は知っていますか？
- 年下の子どもの場合、ゲーム機やパソコンなどの多くのデバイスに内蔵された、フィルタリングソフトやペアレントコントロール機能を使うこともできます。これらの機能の設定に、自信はありますか？
- あなたの実子、友人、家族に対して、FacebookやX（Twitter）などのSNSサイトを使用する際、子どものプライバシーに配慮してほしいと伝えたことがありますか？

ネットの使用について、
どうすれば
子どもとの間で
信頼と理解を育めるか、
考えましょう。

最後に、社会的養護を受ける子どものなかには、進んで危険な状況に身をおきたがるせいで、ネットでもリアルの世界でもとりわけ被害を受けやすい子どもが少数ながらいます。こうした子どもには、効果的なリスク予防策をとる必要があります。措置をしたり、計画を立てたり、振り返りをするときに、あなたと担当者で対策を決めるようにしてください。予防策として、フィルターを入れるなど、ネット上での危険を避けるための対応などが考えられます。こうした対策は、アセスメントに基づく子ども一人ひとりのニーズを考慮に入れた、目標を絞ったものでなければいけません。

安全な養育の7原則

トレーニング・セッションでは、次のような安全な養育の7原則を紹介しました。

原則1
里親養育を受ける子どもは、その子に合った養育を受ける必要がある。お迎え、ベッドに腰かけてよいかどうか、入浴、寝室への立ち入りなど、家庭内の決まりは、その子にふさわしい形で作成し、見直しもできるようにする（ただし、記録にしっかり残しておくこと）。

原則2
里親は、実子の話に注意深く耳を傾け、安全な養育に関する話し合いに実子を参加させ、家庭のルールを変更する必要があるかどうか、相談しなければならない。

原則3
誰にでも、一定のプライバシーを守られる権利、家庭内の他の人のせいで気まずい思いをせずにすむ権利がある（就寝前や風呂上がりに見苦しい恰好をしない、おねしょなどの問題は、本人が傷つかないよう対応するなど）。

原則4
誰にでも、ハグや抱っこなどの身体的な接触を「拒む」権利がある。

原則5
誰にでも、殴られたり傷つけられたり、いじめられたりしない権利がある。

原則6
身体的なケアに関して、委託された子どもが安全と感じられるようにするべきである。何らか

の理由で本人が不安を伝えられない場合、同じ年齢、同じ性別の他の子どもに対する場合と同じ配慮をする。

原則7

里親養育の仕事に「性別による区別はない」が、誰がどの仕事を担当するかについて、委託された子どもや実親、里親自身に一定の好みがある場合もある。

里親が直面する課題

子どもと接する専門職なら誰もが経験するように、里親も、自分が提供する養育に対して反発を受けることがあります。

里親は、次の3種類の問題に向き合う可能性があります。
- **苦情**：子どもまたは子どもと関わりのある人物が、養育のいずれかの要素に関して、児童相談所に苦情や不満を伝えます。
- **養育に関する基準を下回る懸念**：児童相談所が、里親が提供する養育が、必要とされる基準を下回っているのではないかという懸念を示します。
- **被措置児童等虐待通告**：ある人が、里親または里親家庭のメンバーが子どもに害を与えるような行動をしたか、行った可能性がある、または子どもに対して刑法犯罪を犯した可能性がある、あるいは子どもを養育するのに不適切と思われる行動をしたと述べることです。

問題は起こるものです——これは里親という仕事について回る危険であり、対処する必要があります。

なぜ被措置児童等虐待届出をする子どもがいるのか？

いくつかのケースでは、本当のことであるから届出[4]をする子もいます。里親養育を受ける子どもが、身体的、性的、情緒的な虐待やネグレクトを受ける可能性があることも、知られています。そのため児童相談所やフォスタリング機関は決して、届出が嘘だという前提で対応してはいけません。あらゆる届出について、できる限り透明性のある形で十分に調査しなければなりません。

---

4 監訳者注：子どもは届出、その他の大人がするときは通告となります。

他方で、届出を通じて、自分は無力だと感じる状況に対して力を行使しようとする子どももいます。届出を受ける里親から見れば、子どもが無力とはとても思えないかもしれません。けれど状況を詳しく調べてみると、子どもが不満を抱いていたり、自分の意見を聞いてもらえないと感じていたりすることが判明しがちです。他の方法では実現できない目標——おそらくは委託先の変更——があるなど、何らかのねらいがある場合もあります。

子どもが、自分が受けているケアを誤解し強い不安を感じているせいで、届出を行うこともあります。不安を感じるのは、そのケアが、過去の虐待を連想させるからだと考えられます。多くの子どもは、それまで何人もの大人に養育され、さまざまな家庭で暮らしてきたことを忘れてはいけません。

> 自分が受けているケアを誤解し強い不安を感じるせいで、被措置児童等虐待届出を行うこともあります。

記憶もまた複雑な形で蓄積されています。私たちの頭のなかには、はっきり覚えていて、すぐに思い出せる出来事、人、場所がある一方で、幼少期の記憶が心の奥底に眠っていて、自分でも完全には理解できない形で影響を与えることもあります。そのため里親は、注意深く耳を傾け観察し、子どもの心のなかで起きていることを受け入れるという、安全な養育のスキルを身につけねばなりません。

被措置児童等虐待届出・通告を受けたら、どうなるか？

すべての児童相談所や民間フォスタリング機関は、里親を含む子どもの養護に関わるスタッフが届出・通告を受けた場合に、どのように対応するかを定めた方針と手続きを、整備するよう義務づけられています。

こうした状況に適用される第一の原則は、子どもの安全を守ることです。つまり、届出・通告を調査しなければなりません。子どもと面接を行い、身体的危害や性的な被害が疑われる場合には、医師の診察を受けます。

第二の原則は、公正であることです。里親は、届出・通告を受けた場合には、調査手続きが始まり次第、中立的な支援とアドバイスを受けるべきです。事情聴取を受けるまで、里親は届出・通告の詳しい内容を知ることができません。これは非常につらい立場ですが、調査が先入観に左右されないことが重要なのです。けれど、届出・通告内容がいったん開示された後は、里親を丁重に扱い、できる限り十分な説明を行って彼らの意見に耳を傾ける必要があります。

届出・通告の内容が立証されなければ——実際、そうなるケースが多いのです——警察もそれ

以上は関与しません。児童相談所や民間フォスタリング機関はその後、内部事項として事件をさらに詳しく調査するかどうかを決定します。

　いずれによせ、児童相談所や民間フォスタリング機関は、その里親の資格登録の継続について児童福祉審議会に対して、また里親養育を続けることが適切かどうかをめぐって同機関の幹部に対して、勧告を行う必要があるでしょう。

　多くの場合、トレーニングあるいはサポートが必要と判断されます。つまり、その里親は今後も里親養育を続けることができるのです。そして里親はたいてい、届出・通告を行った当の子どもを養育し続けます。とはいえ、気持ちの整理が難しいため、里親には児童相談所や民間フォスタリング機関からサポートが提供されます。また届出・通告を受けた場合、里親は法律上の助言も受ける必要があります。

　新たに里親になる人は必ず、児童相談所の届出・通告に関する方針や指針に目を通し、必要な手続きのスケジュールを把握しておきましょう[5]。利用できるサポートを受け入れることも、大切になります。

5　監訳者注：詳しくは厚生労働省が発行している「被措置児童等虐待対応ガイドライン」をご参照ください。日本の被措置児童等虐待の対応がわかります。

さらなる課題

課題5.1

　あなたが、6歳と4歳の女の子2人の里親になるよう頼まれたとします。2人はこれまで実親と暮らしてきました。両親は、娘たちが里親養育になることに同意していますが、2人が里親家庭に入るのは初めてです。児童相談所の担当の児童福祉司は、2人が深刻なネグレクトを受けてきたこと、両親に家庭内の暴力とアルコール依存症の問題があることを知っています。

- パートナーや実子、あなたを支えてくれる友人と一緒に、どうすれば2人があなたの家で安心感を得られるか、話し合いましょう。
- セッション1で取り組んだ作業を振り返り、子どもの発達について考えましょう。
- 2人について、担当の児童福祉司に何を聞きたいか考えましょう。
- ITやインターネットに関連して、あなたが検討すべき危険はありますか？

課題5.2

　あなた自身が危険を冒した場面を、思い出しましょう。それをリスクと思わなかったのはなぜでしょう？　危険に対する姿勢について、人によって危険な行為の捉え方がどう違うかについて、家族と話し合いましょう。色つきのカードや信号を使って興味を引きつけるなど、危険について子どもに教えるためのアイデアを考えましょう。

　身近にいる子どもを例にとって、その子に次の危険に対応する能力があるかどうか考えましょう。

- 紅茶を入れてトーストを焼く。
- クライミング用の壁をのぼる。
- 友だちとキャンプする。
- FacebookなどのSNSサイトで、友だちとチャットする。
- 携帯電話をベッドに持ち込む。
- ネットから音楽をダウンロードする。

　どんな対策があれば、子どもが上記のことをするのを認められますか？

課題5.3

　もし子どもに課題5.2であげた活動のどれかをしたいと言われたら、あなたが下した決定をどんな形で記録に残すか考えましょう。

課題5.4

　安全な自立支援計画をどのように作成したか、状況に合わせて、その計画をどんな方法で見直

しているかを教えてもらいましょう。

課題5.5

　子どもに人気のSNSサイトについて、できる限り詳しく調べましょう。ネットで調べたり、知り合いの子どもに聞いたりします。子ども向けのSNSサイトとその機能、考えられる危険などを、リストアップしましょう。

トレーニング・セッション5の家庭での実践

　あなたの家族の現在のルールがどんなものか、家族のメンバーと話し合いましょう。

　あなたの家の安全な自立支援計画にどんな内容を盛り込みたいか、相談しましょう（ただし、計画を実際に作成できるのは、子どもが委託される直前です）。

参考文献

Safer Caring: a new approach
Slade, J (2013)
The Fostering Network

Signposts in Fostering: Allegations Against Foster Carers
The Fostering Network (2009)

Working Together to Safeguard Children: a guide to inter-agency working to safeguard and promote the welfare of children (2017)
Department for Education

Working together to safeguard children - GOV.UK (www.gov.uk)

Preventing and Tracking Bullying: advice for headteachers, staff and governing bodies (2013)
Department for Education
www.gov.uk/government/uploads/system/uploads/attachment_data/file/269678/preventing_and_tackling_bullying.pdf

イングランド子どもコミッショナーのサイト（www.childrenscommissioner.gov.uk）には、次の刊行物をはじめ、子どもの安全確保に関わる有益な情報が数多く掲載されています。

Young Person's Guide to Keeping Children Safe Running Away: Young People's Views on Running Away from Care

Younger Children's Views: A report of children's views by the Children's Rights Director for England

Fostering in a Digital World: a common sense guide
Boffey M (2103)
The Fostering Network

The Fostering Network: Safer Caring
www.thefosteringnetwork.org.uk/advice-information/looking-after-fostered-child/safer-caring

The Impact of Unproven Allegations on Foster Carers
Gillian Plumridge and Judy Sebba

The Rees Centre for Research in Fostering and Education University of Oxford (2015)
ImpactofUnprovenAllegations_ReesCentreJuly2016.pdf (ox.ac.uk)

■日本語の参考文献
相澤仁監修／上鹿渡和宏・御園生直美編（2021）『中途からの養育・支援の実際——子どもの行動の理解と対応』（シリーズ みんなで育てる家庭養護【里親・ファミリーホーム・養子縁組】）明石書店
Gillian Plumridge and Judy Sebba（2016）「立証不能の申し立てが里親に与える影響」オックスフォード大学・リーズセンター論文（早稲田大学社会的養育研究所HP　https://waseda-ricsc.jp/project/94/から邦訳論文ダウンロード可能）

第6章

移 行

「自分が誰かの人生に
与えた影響を目にすると、
うれしくなります……
里親として育てた子どもたちが、
今では大人になって
充実した生活を送り、
その子自身も親になっているのを見るのは、
本当にいいものです」

里親
(The Fostering Network, 2013)

はじめに

　この章では、子どもがある措置先から別の措置先に移る場合や、成人期へと移行する際のサポートについて扱います。

　どんな人も、変化を前にすると怖気づくものです。里親養育を受けている子どもの場合、変化が、喪失、拒絶、心もとなさ、といった感情を引き起こすこともあります。変化の内容が、実家族との再統合、委託の中止、養子縁組や長期的な里親養育への移行、成人期への移行のいずれであっても、どの子も、そばに寄り添って真剣に関わり、注意深く自分の話に耳を傾け、敏感に反応し、自分の意見を踏まえて行動してくれる人を必要としています。こうしたサポートは、子どもたちが、実家族から離れて育つなかで混乱を経験しても、過去の境遇に加えてさらなる不利益を被ることなく対処できるようになるうえで、助けになります。実子や親戚、友人に支えられた里親は、子どもが必要とする連続性と真剣な関わりを与えるために欠かせない存在です。

　実親家庭で成人期へと移行する若者（18歳まで）は、たいてい、この変化を乗り切るために多くのサポートを受けています。里親家庭の子どもの場合は、里親養育から成人期へと移行するにあたって、里親とその家族が中心となってサポートやアドバイスを行うことになります。

　本章では、以下について理解を深めていきます。
- さまざまな移行が子どもに与える影響
- 子どもが変化の時期をうまく乗り越える手助けを里親とその家族がする方法
- 大人としての充実した生活のため、あらゆる年齢の子どもに対しての準備に里親が果たす役割

措置の安定性が重要

　子どもの措置先がどこであっても——里親、児童養護施設、その他の施設など——子ども一人ひとりのニーズに対応して、彼らが幸せな暮らしを送り、将来の成功のためにスキルを培えるよう支援するべきです。

　児童相談所や民間フォスタリング機関が子どもを適切に措置し、転居を繰り返さずにすむよう

にすることが大切です。政府も、この点を強く訴えてきました。

> 　一貫して安定性を重視しなければ、これを実現できないだろう。措置先や通学先が何度も変わると、子どもは拒絶されたように感じ、自信を失い、他人を信頼できなくなり、最終的には里親家庭や児童養護施設に落ち着きにくくなるだろう。安定性と継続性の確保は、多くの子どもが社会的養護のもとに入る前に経験した断絶や喪失を和らげるうえで大きな役割を果たす。
> 　　　　　　　　　　　　　　　　　　　　　　　　　　　　　（イギリス教育技能省, 2007）

　子どもが新たな措置先に移らねばならない場合、それが本人の生活の多くの面に、良い意味でも悪い意味でも影響を及ぼすおそれがあります。自立支援計画では、措置変更を最低限にとどめるようにします。順調に行くためには、子ども自身が安心感、安定感、安全感をもつことが重要だからです。安定性は、バランスのとれた人間への成長を促し、健康と学業面での成果を後押しします。ある若者は、次のように説明しました。

> 　「ぴったりの組み合わせを探してもらいたい。委託先との相性が悪いと、お互いストレスになるから」
> 　　　　　　　　　　　　　　　　　　　　　　　　　　　　　　　　（Ofsted, 2012）

　十分に検討したうえで、その子に特有のニーズに対応できる里親と、注意深くマッチングできれば、委託の安定性を高められます。ただし、緊急性のある委託ではそれができない場合もあります。

なぜ措置変更・解除する必要があるのか

　トレーニングのセッション6で説明したように、子どもが措置変更となる理由はいろいろあります。

　措置変更がすべて悪いわけではありませんが、なかには難しくなることもあり、措置先が何度も変わると深刻なダメージが生じることもあります。ほとんどの子どもは措置先を頻繁に変わったりしませんが、年に

> 　イギリスでは、社会的養護を受ける子どもの11%が、2011～2012年の間に3回以上措置変更していました。また、240人の子どもが、直近1年間に10回以上も措置変更していました。
>
> 　　　　　　　　　　　*出典：教育省*

何度も措置変更を迫られる子もいます。

　措置変更の理由を、いくつか紹介します。

- 実親家庭から里親養育に移る。
- 一方または両方の実親のもとに戻る。その理由としては、家族に大きな改善が見られ、実親が養育を再開できる場合もあれば、児童相談所が実親家庭に戻るのを防ぐ十分な根拠をもたない場合もある[1]。
- 親族里親と暮らすために、措置変更することもある。これは、再び近親者内での暮らしに戻るためのものである。
- きょうだいと一緒になるために、措置変更する。
- 成人するまで面倒を見てくれる家庭に落ち着けるよう、長期里親や養親のもとに措置変更する。
- 治療的なケアを提供する専門的な里親養育へと移行する。
- 措置変更の必要なく成人するまで落ち着いて暮らせるよう、短期の予定が長期になる場合もある。これは、委託期間が変更されるにすぎないが、子ども本人にとっては大きな変化であり、里親やその家族にとっては今までとは異なる関わりを行う必要があるだろう。
- 家庭で暮らす準備ができたという理由で、施設ケアから里親養育に移る。
- 里親養育から施設ケアに移る。その理由としては、家庭の環境では子どもの行動を安全に管理できない、健康上の複雑な問題を抱えていて専門設備が必要である、子ども本人が、実親家族への思いから里親家庭より施設ケアを希望している、などが考えられる。
- 子ども自身が今の措置先に不満をもっているため、変更を希望している。
- その子どもの養護に責任をもつ児童相談所の決定に基づいて、措置変更する。具体的な理由としては、子どもの存在が里親家庭の安全に懸念をもたらす、あるいは、里親家庭内での重大な被措置児童虐待通告に関して、調査を行う必要があるなど。
- 犯罪行為を犯し、鑑別所や少年院に入ることになった。
- 里親自身の状況の変化や、子どもの行動の結果として、里親がその子の養育を続けることができない。
- あらかじめ定めた計画に従って、レスパイトケアや一時保護に移ったり、そこから里親家庭に戻ったりする
- 18歳を超えても里親と暮らしていた若者が、大学に通うために学期中は家を離れる。

1　監訳者注：イギリスの場合は、多くの場合、措置の継続や解除は裁判所が決定しますが、実親による引き取りの求めに対して、それを不適当と裁判所が認めるに足るだけの事実や証拠を児童相談所が提出できなければ、実親家庭に戻る決定が下されます。日本においても同様で、実親・親権者が里親委託の同意を撤回した場合に、家庭裁判所に対して、それが不適当である事実や証拠を示すことができない場合は、実親・親権者のもとに戻ることになります。このようなケースがあることは、日本もイギリスも同様です。

転居の影響

　新たな委託先・入所先に移ることによって、子どもがあらゆる種類の感情を経験し、さまざまな形で生活に影響が出る可能性があります。チャンスもあれば、デメリットもあるかもしれません。いくつか例をあげてみます。

- 実親家庭や生まれ育ったコミュニティ、馴染みのある環境から離れる／またはこうした環境に戻る。
- 友だちや家族との交流を失う、または交流の機会が増える。
- 自分と同じように社会的養護のもとにいるきょうだいと離れ離れになる、または一緒に住めるようになる。
- 文化的なアイデンティティ、個人としてのアイデンティティを維持することが難しくなったり、容易になったりするかもしれない。
- 教育を受けるうえで重要な時期に、転校する。
- 転校せずに同じ学校に通い続けるためには、長時間の移動が必要になり、そのせいで課外活動への参加が難しくなる、または里親家庭にいることが目立ってしまう。
- かかりつけの医師や歯科医が変わるせいで、継続性のある治療を受けられなくなる可能性がある。
- たとえば障がいがあるなど、子ども本人のニーズに見合った適切な施設に入れる可能性がある。
- 以前の里親家庭と交流できなくなるおそれがある。
- 子どものアタッチメントに影響が及び、重要な関係性を維持できなくなるおそれがある。
- 自尊感情や他者への信頼を抱きにくくなる。
- 別の家族や新たな人々に対して、自分の人生や個人的な問題を再び一から説明しなければならない。
- 新たな機会に安堵感や喜びを感じる。
- 怒りや悲しみ、未知のものへの不安を感じる。
- 以前の委託が終了したことに対して、見当違いの責任感や罪悪感を覚える。

　措置変更の多くは——たとえ前向きな理由であっても——「別れ」を伴います。別れは時としてつらいものです。それは子ども、里親、里親の実子、家族全員など、誰についても言えることです。

　措置変更の時期に子どもは、たとえば養子になるケースであれば、もう二度と実親に会えないと覚悟するな

用語ワンポイント解説

本書でいう**移行**は、措置先の変更、措置解除、成人期への移行を指します。

ど、それ以外の感情とも向き合うことになります。

措置変更・解除が必要な子どもへの支援

転居する事情とその結果には、里子それぞれ違いがあり、非常に難しい措置変更・解除であっても、より良い方向への変化になる場合もあります。

重要な点は、措置変更・解除を迫られると「安全基地」——それに、子どもの情緒的発達のために安全基地がもたらすすべてのもの——が損なわれる可能性があることです。ですから、どんな変化についても、注意深く考え、十分に計画を練り、子ども本人に及ぼす最終的な影響を評価する必要があります。そばにいる大人が、たとえ不安や混乱のただなかにあっても、すべての人の関心の中心は子どもでなければなりません。

自立支援計画を作成するプロセスの一環として、措置先の変更を慎重に検討するようにします。緊急時を除いて、里親委託を解除する前に振り返りが行われます。里親は、措置変更・解除に向けたプランの作成を手伝ううえで重要な役割を果たします。子どもがどう感じているか、措置変更・解除プロセスを乗り切れるかどうかを一番よく知っているのは、おそらく里親であり、里親は毎日そばにいて子どもからの質問に答えたり、措置変更・解除を通じて子どもをサポートしたりするからです。

状況によっては、実親が措置変更・解除のプラン作成やサポートに関わるかもしれません。あるいは、自立支援計画に実親が同意しない場合もあるでしょう。養育に関わる人全員が、たとえ子どもを取りまく状況が変わっても、宗教や伝統を含めて、実親や広い意味での家族と子ども本人とのつながりを保ち続けていくことの重要性を意識しなければなりません。ときには、実親との交流が中止されますが、そんな場合も、子どもが自身の文化や伝統との結びつきを保てるよう手助けする必要があります。

実親家庭に戻る際に、子どもが里親委託を受ける前と同じ環境や関係性へと戻ることはほとんどありません。子どもは多くの場合、里親養育を受ける原因となった困難な状況の、その後の結果と向き合うことになります。里親に、子どもが実親家族に戻ることへの準備ができていれば、子どもをサポートするうえで大

大小さまざまな変化

毎日の生活のなかで起こる小さな変化を乗り切る経験を重ねれば、大きな環境変化にもうまく対応できるものです。里親家庭の子どもは、長期休暇、新学期、実親との交流といった変化に苦労しがちです。こうした変化に対応できるよう里親が手助けすれば、その経験が、長い目で見たレジリエンスの向上につながるでしょう。

きな役割を果たせます。子どもが実親のもとに戻る場合、本格的な転居に先立ち、まずは何度か訪問したり泊まったりして、段階的に移行することもあるでしょう。里親は子どもに寄り添って、移行期間を通じて安心を与え、どんな質問にも答えて、子どもが移行にどのように対処しているか、児童福祉司にフィードバックを行います。

場合によっては、実親家庭に戻った後も、里親がサポートを続けることがよい場合もある。ただし、児童福祉司に確認をとって、自立支援計画に明記するようにしてください。

措置変更・解除が里親家庭に与える影響

どんなときも子ども中心で考えることが大切ですが、子どもの措置変更や解除に対して、里親やその実子、それ以外の家族もさまざまな感情を抱くでしょう。

子どもが措置変更・解除を迫られたときには、里親は自分の感情をいったん脇において、児童福祉司やあなたの担当者と協力して、子どもが何が起きているかを理解できるよう手助けし、新たな生活に移る準備をしてあげなければなりません。

里親のなかには、短期的な委託先として何度も里子を受け入れる許可をとっているため、受け入れと送り出しに慣れている人もいます。けれど、だからといって子どもが里親家庭を離れる際に、他の里親と同じような感慨を抱かないわけではありません。あなた自身の感情を意識し、その感情について家族や友人、あなたの里親担当者と話し合うようにしましょう。

実子がいる場合、委託が終了するときに彼らも強烈な感情を抱く可能性があることを忘れてはいけません。あなたの子どもは、その感情をうまく抑えられないかもしれません。子どもがこの家を出ていく理由を時間をかけて実子に説明し、離れていくことになった子どもの立場に立って考える手助けをする必要があることもあります。

児童相談所や民間フォスタリング機関も、あなたの実子にサポートを提供できるはずです。支援団体などもあるかもしれません。

子どもの思い出を大切に

子どもが措置変更・解除されるとき、里親のもとで過ごした日々の記憶が置き去りにされかねません。子どもと別れる際に写真を渡す、これからも連絡をとろうと約束する、思い出の品や記念品、証明書を荷物に入れたか確認するなど、里親家庭での楽しい出来事を思い出すよすがになるものを、用意しましょう。

委託不調

あなたの家庭に子どもが委託される可能性がある場合、その子に関してできる限り多くの具体的な情報を集めるようにします。その子どもの委託先として自分の家は相応しくないと思う場合は、そう伝えましょう。里親が足りないとか、その子が養育を必要としているといった理由でプレッシャーを感じても、はっきりと伝えることが大切です。

委託が計画通りに進むとは限らず、さまざまな理由で中断されることもあります——里親のほうから、子どもに措置解除をお願いする場合さえあります。これ以上は無理という段階にいたる前に、あなたの担当者や子どもの担当の児童福祉司に必ず相談してください。その状況を乗り切るのに役立つ、新たなアドバイスやサポートを受けられるかもしれません。

ライフストーリーワーク

里親は、子どもが自分の人生に関わる情報を集めて、それを理解するための手助けをすることができます。たとえば、先祖から受け継いだ伝統、その子の家族、家族がどんな仕事をしていたかなどを詳しく知るようにします。そうすることで、子どもは自分のアイデンティティを前向きに捉え、自分がやり遂げた成果を素直に喜ぶことができます。

予定外の措置解除は里子にとって望ましい結果ではなく、里親も深く落胆することがあります。里親は一般に、悲しみ、苦悩、安堵、孤立、苛立ち、実子の反応や感情に対する不安といった複雑な感情に襲われます。

セッション6で取り上げたケーススタディを、思い返しましょう。里親はどう感じたでしょう？ 同じ状況におかれたら、あなたも同じように感じますか？

それぞれの子どもの事情に関連した要因のせいで、委託がうまくいかない危険性が高まることもあります。とはいえ、一つの出来事が、措置解除の原因になることは、めったにありません。長い間のストレスが蓄積した結果として解除にいたることが多く、里親が、子どもの委託解除こそが唯一の解決策だと感じるほど追いつめられてしまうこともあります。

措置解除となった場合は、その事実と折り合いをつけて、経験から学んで同じことを再び繰り返さないようにするため、あなたの担当者と一緒に話し合うことになります。ときには「不調に関するミーティング」を行い、関係者全員が集まって今回の経験から得られる教訓を確認することもあります。

「委託先が変わって
本当によかった……
私が馴染めそうな家でした」
年長の子ども
(Ofsted, 2011a)

新しいところに措置変更されたことに対する子どもの意見

自立支援計画を立てる際に、子どもたちは、自分の意見を聞いてほしいし、自分も参加したいと考えています——そして、そうする権利があります。彼らいわく、何度も委託先が変わると慣れるまで非常に苦労し、新たな委託先に移ることも大変になりがちだと言うのです。新たな養育者に慣れ、何をしていいか、何をしてはいけないかといったルールを覚えねばなりません。

> 自立支援計画を立てる際に、子どもたちは、自分の意見を聞いてほしいし、自分も参加したいと考えています——そして、そうする権利があります。

子どもたちの実際の言葉を、いくつか紹介します。

「たとえ僕のせいじゃなくても、追い出される原因を作った子だと思われる」
「途中で里親が変わる場合は、そこにいつまでいられるかわからないときもある」
「自分が次にどこへ行くか知っていたけれど、いつ引っ越すかわからなくて怖かった」
「できるだけ早く落ち着いて、毎日のリズムを作りたいです」　　　　　　(Ofstesd, 2011a)

他方で、今の委託先でうまくいかない場合など、措置変更が吉と出ることもあることも理解しています。

「これまでは長期委託を受けてきました。転校したら、良いことがたくさんありました。私のママの家にも、近くなりました」
「私の担当の児童福祉司と話してみたら、理解が深まりました」
「委託先が変わって本当によかった……私が馴染めそうな家でした」　　　　(Ofsted, 2011a)

一方的に行き先を指示されるのではなく、委託先を自分で選びたいという声もあります。子どもは大人に対して、隠さず正直に情報を教えてほしい、良いことだけでなく悪いことも話してほしいと望んでいるのです。

第**6**章

> 「必ず、私が委託先に出向いて直接見ることができるようにしてほしい。そうすれば、気に入るところを見つけてその家に馴染めるようになる」
>
> (Ofsted, 2011a)

措置変更——考慮すべきポイント

委託先を変更するときは、基本的に次のポイントについて考え、児童福祉司と話し合っておくとよいでしょう。

- 里親家庭の子どもは、安全基地を必要としています。委託先の変更は、最低限にとどめてください。

- どうしても変更が必要な場合、児童福祉司が中心となって、計画の作成と取り決めに子ども本人と里親を全面的に関わらせるようにします。あなた自身に子どもがいたり、他の家族もいたりする場合には、その人たちにも参加してもらうとよいでしょう。そうすれば里親は、子どもが前向きに移行できるよう手助けし、子どもが新しい里親に懐いてもいいということを認めるうえで、十分な役割を果たすことができます。

- 里親が、自立支援計画に対して疑問を感じることもあります。その場合、振り返りなどの打ち合わせで自分の意見を伝える用意をしておきましょう。とはいえ、里親は、たとえ計画に全面的に賛同できなくても、その計画を実施するために協力する準備を整えなければいけません。

- 幼少期の体験を通じてアタッチメントを形成できている子どもは、おそらく里親家庭のメンバーにアタッチメントを抱いているでしょう。委託先を変更する際は、こうしたアタッチメントの関係性を失うことになり、実家族を失ったときと同じように、悲しみの感情がよみがえります。子どもがその感情を表現するには、手助けが必要です。こうした場面で、悲しみを感じるのは正常なことであり、新しいアタッチメントを形成する力があるという証拠です。

- 幼い子どもは、虐待やネグレクトを経験した後に、安定的な一貫したケアを受けてきた場合、委託先が変わるとまたつらい状況に逆戻りするのではないかと思うかもしれません。

- 子どもの実親が、すぐにまた親子で一緒に暮らせるといった、現実的でない約束をすることもあります。そのせいで、新たな委託先への移行に子どもが前向きになれないかもしれません。

- 里親は、委託先の変更に備えて、子どもが引き継ぐ習慣やアイデンティティを育てるためにこれまで行ってきた対応を、児童福祉司や実親、新たな里親と話し合う準備をしなければなりません。これには宗教、言語、伝統を含みます。

- 里親は、子どもの通学、治療、成長全般、交友関係などを記録しておかねばなりません。実親家庭に戻ったり、別の委託先に移ったりする際に、こうした情報を伝えられるようにしておきます。

成人期に入ることは、
何より大きな移行です。

- 里親の実子が、里子に強い思い入れをもち、子どもが去るときに喪失感を覚えることもあります。同時に、安堵感を抱くこともあります。
- 里親も、実子と同じように、子どもが家を離れるときに複雑な感情を覚えることがよくあります。それが喪失感の場合もあれば、解放感も伴うかもしれません。担当者の役割の一つは、里親が自身の反応に対処し、自らの体験に基づいて、里親という仕事や、トレーニングと能力開発の必要性について考える手助けをすることです。
- 養子縁組が予定されている場合、里親は、子どもが新たな家庭への移行を理解できるように手助けする必要があります。里親は、永続的計画や交流計画を実施するうえで中心となる役割を果たします。
- 状況によっては、養子縁組をした子どもが、実親家族や、おそらくは元里親とも交流を続けることがあります。
- 移行の一環として、将来に向けた計画のなかで、里親と子どもが今後も連絡をとり合うかどうか、取り合う場合はどんな方法をとるかを詳しく決めておきます。里親家庭は、これまで子どもの人生に重要な役割を果たしてきました。逆に子どものほうも、里親家庭のメンバーの人生に大きな役割を果たしてきました。どちらも今では、互いの歴史の一部なのです。

成人期への移行

成人期に入ることは、何より大きな移行です。支えとなる安全基地がない場合、社会的養護を受けている若者にとってこの移行がとりわけ難しくなることがあります。

重要な大原則として、里親家庭の子どもには、里親の実子と同じサポートを行うようにしてください。「うちの子にもそうするか？」と自分の胸に問いかけるようにします。

社会的養護のもとにあってもなくても、あらゆる若者にとって、成人期への移行は激動の時期です。学校を出て仕事につき、恋愛して家庭をもち、親になるといった、わかりやすい道筋をたどるとは限りません。ある面では一人前だけれど、それ以外の部分はまだまだ子どもだったりします。本人の心の準備ができて、必要な資格を取得し、「親の蓄え」に頼らず生活できるようになるまで、成人期への移行を遅らせる若者も大勢います。

本人の準備が整う前に、委託先を離れる場合も多々あります。実親のもとで育てば、普通は、いつどんな形で自宅を出るか選ぶことができます。20代になってからも、親と暮らす人が次第に増えています。けれど里親家庭の子どもとなると、話はまったく変わってきます——多くの子

どもが、16〜18歳頃に委託先を離れます。彼らはほとんど支援も受けられず、不安定な状態にあり、うまくいかなくても、里親家庭に戻るという選択肢はありません。他の若者とちがって、彼らは、不測の事態が起きたときにも家族の全面的なサポートに頼れない場合もあります。

社会的養護はもう必要ないと判断されたか、18歳に達したという理由で、自治体が社会的養護を終結した若者のことを、「社会的養護経験者（ケアリーバー）」と呼びます。16〜17歳の若者の「自立」に向けた移行計画の作成が非常に重視されていますが、移行は一夜にして起こるものではありません。子ども時代そのものが、やがて来る独り立ちに向けた準備なのです。

どんな里親も、傷つきやすい子どもが大人の世界の現実に備える手助けをするうえで、大きな役割を担っています。たとえ年下の子どもを短期間養育するだけでも、里親のすべての行動が、委託先を離れた後に子どもが困難を乗り越えて立派な大人に成長し、成功できるよう手助けするために重要な役割を果たすのです。里親の家族もこれに力を貸します。子ども時代に与えられるケアすべてが良好な結果に影響を与え、それがうまくいった成人期につながるのです。

若者に大人になる準備をさせるためには、さまざまな計画を立ててアセスメントを実施しなければなりません。多様な専門職がそれぞれ独自の役割を果たします。

里親は、若者をサポートし彼らのための計画を作成するうえで、中心的な役割を果たし続けます。そのためにも、そしておそらくは今後のトレーニングのためにも、里親は、担当者の支援を必要とするでしょう。子どもの養育のすべての場面でそうであるように、里親は打ち合わせに積極的に参加し、里子のアドボケイト（代弁者）を務める準備をしておくべきです。

どんな里親も、傷つきやすい子どもが大人の世界の現実に備える手助けをするうえで、大きな役割を担っています。

イギリスにおいては[2]、公的機関には、委託先を離れた若者と連絡をとり、彼らが21歳になるまで（在学中または職業訓練を受けている場合は21歳以降も）さまざまな形でアドバイス、援助、指導を行う義務があります。場合によっては、公的機関が経済的援助を行うこともあります。

養育を続ける

障がいがある若者も、社会的養護制度を離れる際に他のケアリーバーと同じ支援を受ける資格があります。障がいがあって成人後も社会福祉サービスを利用することになる場合は、サービス

---

2 監訳者注：日本においても、2022年改正児童福祉法において、委託解除になった者に対して、その実情を把握し、その自立のために必要な援助を行うことが、都道府県の業務とされました。

機関同士の引き続ぎ計画を入念に作成する必要があります。

　子どもを養育し支援する人は、子どもにアドバイスしたり、何か決定を下したりする際に、次の点を意識しておきましょう。そうすれば、子どもが成人後にうまくいく可能性が大きくなります。

- この子に特有のニーズを満たすものか？
- 自分の子どもにも同じようにするか？
- 物事が想定通りにいかない場合に、やり直す機会をあげられるか？

　子どもが成長するにつれて、自立するために必要なスキルや、大人として生きていくために必要なスキルを学べるよう、手助けしてあげてください。

　里親は、料理、洗濯、お金の管理といった実生活に役立つスキルを教えられる立場にあります。他方で、ケアリーバーが、自分の人生への責任を負えるだけの情緒的な能力を身につけることも、同じくらい大切になります。里親が委託期間を通して子どもに与える安心感や、自分は安全で大切にされているという感覚が、この心のゆとりを育てるうえで重要な役割を果たします。こうした感覚は、16歳や18歳になってから与えられるものではありません。

> 子どもが自立するために必要なスキルや、大人として生きていくために必要なスキルを学べるよう、手助けしてあげてください。

　同年齢の他の子どもと同じように、ケアリーバーは、助けが必要なときにどんな形で誰に助けを求めればよいか、知っておく必要があります。人間は誰でも、どれほど「ひとりで」乗り切る力があろうとも、自分はどこかに属しているという感覚や、つらいときに支えとなる場を必要としています。ケアリーバーは、実親家庭との関係が薄いうえに友だちも少なく、以前の里親との連絡も途絶えているため、頼れる相手が他にいないことが多いのです。

　ケアリーバーは、学業や職業訓練を続けるために、あるいは就職するためにサポートを必要としています。これが非常に難しい場合もありますが、里親委託期間に里子に対して責任を負っていた自治体は、多くの場合、ケアリーバーに個別に支援を提供しています。

　住む場所の確保が大きな問題になることもあります。ときには、自治体の制度を使って、ケアリーバーにさまざまな選択肢を用意することもできます。

　たいていの若者は、成長して家を離れた後も、基本的には家族と連絡をとり続けています。家

族のお祝いの席に参加する、日曜にランチをする、一晩泊まるなどして、折に触れて立ち返ることができる安全基地があります。里親のもとを離れて世界に乗り出す若者にも、できる限り同じようにしてあげたいものです。多くの里親は、いつまでも家族の一員として扱い、その人のキャリアやパートナー、産んだ子どもなどに、生涯を通して関心を寄せています。

あなたが里親に応募する際には、アセスメントの段階から、その子が18歳を超えた後に自分がどんな役割を果たせるかも考えるようにしましょう。この問題を、アセスメントを担当する担当者と一緒に探ってみてください。

里親という仕事のなかで一番やりがいのある重要な要素は、分離、喪失、トラウマを体験した子どもがレジリエンスと自尊感情を培えるよう手助けすることです。この二つの重要な要素を使って、里子は肯定的なアイデンティティを確立し、ライフチャンスを増やせます。それこそが自立に向けた最高の準備であり、成人後の人生に対する前向きなアプローチなのです――里子が幼いときから、こうした資質を育む手助けを始めることができます。

リービングケアに関する若者の視点

このセクションのテーマは、若者の視点で物事を理解することの大切さでした。参考になるよう、社会的養護でのケアが終わって当時の体験を振り返っている若者の言葉をいくつか紹介します。少し時間を作って、若者を里親として養育することの意義を考え、あなた自身の家族と話し合ってみましょう。

イングランド子どもの権利ディレクター（Children's Rights Director for England）は、里親家庭にいた子どもたちを対象として、ケアを受けているときと、ケアを離れた後の生活の違いについて、質問しました（Ofsted, 2012）。

マイナス面を指摘する声があがりました。

「やることが山ほどある——まだ子どもなのに、日用品の買い物や請求書の支払いをしないといけない。18歳で一人暮らしをするなんて、普通じゃない」

「自分で自分の面倒を見る準備なんて、誰にもできっこない」

「僕はケアリーバーだと言うと、みんな必ず、社会的養護を受けていた理由を知りたがります」

「助けてくれる人が、まわりにいない。普通の家では、考えられないことです」

「借金がたくさんあるから、できれば里親のもとに戻りたい」

「里親家庭から離れることが不安でした。この先どうなるかよくわからないし、いつ今の家を出てどこに住むことになるのか、心配でした」

「9年も一緒に暮らした人たちが、もう自分のそばにいないなんて、信じられない」

良かった点もありました。

「社会的養護を受けたこと自体うれしいものではないけれど、今思えば良い体験だったと感じている。自分の子どもは絶対に、同じ目にあわせたくない」

「友だちを作れる自信がもてたし、大人になれた。自分の家族にまた連絡できるようになった」

「前よりも強くて、意志の強い人間になったと思う。人生への見方が変わったから、心から感謝している」

「別の角度から物事を見られます……普通の家庭がどんなものかが、わかりました」

「里親がしっかりサポートしてくれたので、自分の強みを引き出せた。でも、もし愛されているという実感をもてなかったり、ここは自分の居場所じゃないと感じたりしていたら、反抗してたかもしれない」

「前より安定したから、いろいろな活動に参加したり、友だちを作ったり、生活を自分で決められるようになった」

「社会的養護を受けていなければ、高校をやめずに続けて、最終的に大学に進もうなんて、考えもしなかったでしょう。社会的養護を受けると、サポートや励ましを受けられ、お金の面でも支えてもらえます」

まとめ

- 里親家庭の子どもの人生は、変化と拒絶によって混乱しがちです。里親は、子どもが過去の経験がもたらす不利益を強めることなく、うまく対処するよう手助けできます。
- 子どもは、自分の過去に意味を見出す必要があります。里親は、子どもが思い出を守れるよう手を貸し、連続性を感じられるようにします。
- 里親家庭のもとに移ったり、逆に里親家庭を去ったりすることが、関係するすべての人の感情を揺さぶる体験になる場合があります。たとえ万事計画通りに進んだ結果だとしても、別れは、里親にとっても、里親家庭の他のメンバーにとっても、得てしてつらいものです。
- 里親とその家族は、子どもが彼らのもとを離れた後も、かけがえのない役割を果たすことが多いものです。子どもが措置変更や措置解除するとき、里親の役割について、児童相談所とよく話し合うことが重要です。
- 大人になる準備とは、子どもが幼いときから長期的に続くプロセスであり、そこではすべての里親が一定の役割を果たします。
- 本人が希望すれば、子どもが18歳以降も里親のもとに残れるよう、児童相談所とよく話し合ったうえで、サポートしてください。

さらなる課題

課題6.1

　委託を成功させるために、あなたと家族が子どもとの相性を考えるうえで大切にしているポイントを、リストアップしましょう。実子がいる場合は、子どもたちにも参加してもらいましょう。さらに、子どもがあなたの家庭に馴染めるか判断するうえで助けになってくれそうな、身近な人全員に、この作業に参加してもらいましょう。

　リストをもとにして、アセスメントを担当する担当者と話し合います。ただし、別の視点にも耳を傾けること。ソーシャルワーカーはこれまでの経験から、他の家庭でどんな組み合わせがうまくいったか知っていて、その情報が参考になるかもしれません。里親とその家族が経験を積み自信を強めるにつれて、里親自身も考えが変わりがちです。

　こうした知識が、ある子どもを里親として養育するかどうかを判断する際に役立ちます。ときにはあなたと家族にとっては重要なポイントでも、その子の委託を提案している担当者にはたいした問題に思えないこともあります。とくに緊急で措置が必要となった場合などは、その場の状況に流されて、その子が犬嫌いではないかといった重要な点を確認することを忘れがちです。いざというときにすぐ参照できるよう、質問事項をまとめたリストをいつも手元においておくとよいでしょう。

課題6.2

　子どもがあなたの家を離れる理由を家族の他のメンバーに説明し、別れの準備として家族全員で何ができるか話し合いましょう。たとえば、子どもにどんな思い出を残したいか、それをスクラップブックや写真などで形にできないか考えます。里子がいなくなると、あなたの家族がどんなふうにつらいと感じるか、どうすれば自分たちの頑張りを誇らしく思えるか、話し合います。必要になったら、どこからサポートしてもらえるでしょう？

　話し合った内容を、アセスメントを担当する担当者にも伝えましょう。

課題6.3

　トレーニングのセッション6では、ライフストーリーワークや、それを一冊にまとめたライフブックの大切さに触れました。あなた自身は、子ども時代の重要な出来事——良いことも悪いことも含めて——をどんなふうに覚えているか考えてみましょう。どんな思い出の品をもっていますか？　写真、本、人形、テディベア、学校の課題、手紙、ちょっとした小物、おみやげなど。一番下の引き出し、あるいは屋根裏部屋やガレージにある箱のなかに、思い出の品が眠っているかもしれません。社会的養護のもとにいる子どもには、そうした手だてがないこともあります。

ある日、急に家を離れることになって、大切な宝物をおいていかねばならないとしたら、あなたならどんな気持ちになるでしょう。

　パートナーがいれば、その人にも同じ課題をやってもらって、結果を比べましょう。実子がいれば子どもたち、姪や甥などがいれば、その子たちとも同じ作業を行います。考え方は全員同じでしたか、それとも人によって大切にする思い出は違いましたか？

　この話し合いをもとにして、子どもがこの先もずっと思い出をとっておくために、どんな方法で手助けできるか家族で考えます。

課題6.4

　最後に、移行について学んだことをあなたと家族が振り返るうえで役に立つ質問を、いくつか紹介しておきます。

- あなたは、「移行」という言葉を、どのようなものだと理解していますか？
- 子どもに移行の準備をさせるために、どんな手助けができますか？
- 子どもに自立の準備をさせるために、どんな手助けができますか？　他に誰と協力する必要があるでしょう？
- 「生活に必要なスキル」を身につけさせるために、子どもと一緒にどんな形で取り組みますか？
- 自信を育てるために、子どもと一緒にどんな形で取り組みますか？
- 子どもの移行がもたらすさまざまな感情に対応するために、あなたと実子、その他の家族はどんな心の準備ができるでしょう？
- アセスメントを担当する担当者に対して、他に何か質問はありますか？
- 家族や友人と、他に話し合っておきたいことはありますか？

参考文献

　フォスタリングネットワークは、この章で扱った課題の一部を解説した4冊のブックレットを刊行しています。

　イングランド子どもコミッショナーのウェブサイト（www.childrenscommissioner.gov.uk）には、移行について参考になる情報がたくさん掲載されています。

Fostering in a Digital World: a common sense guide
Boffey M (2013)
The Fostering Network

One Marble a Day
Camille Gibbs

その他の支援団体

The Scottish Through Care and After Care Forum
www.scottishthroughcre.org.uk

Become
www.becomecharity.org.uk

The Care Leavers Foundation
www.thecareleaversfoundation.org

The Fostering Network: Keep Connected
Keep Connected | The Fostering Network

SCIE: Placement stability
Fostering - Placement stability (scie.org.uk)

Nacro
www.nacro.org.uk

▌日本語の参考文献
相澤仁監／千賀則史・野口啓示編（2021）『家族支援・自立支援・地域支援と当事者参画』（シリーズ みんなで育てる家庭養護【里親・ファミリーホーム・養子縁組】）明石書店

第7章

親族里親

「里子を受け入れることには、
いい面もある。
自分も若返るし、
元気でいられるよ」
祖父母
(Grandparents Plus et al, 2013)

はじめに

　この章は、とくに親族里親になる人を対象としています。親族里親は、受け入れる予定の子どもと以前からつながりがあります。

　このハンドブックの内容はすべて、親族里親にもあてはまるものですが、第7章ではそれに加えて、親族里親になる方々に、さらに役に立つ知識をお伝えします。この章だけ読むのではなく、他の章とあわせて目を通すようにしてください。

　本章では、以下について理解を深めていきます。
- 親族里親の役割
- 親族里親に特有の課題
- 親族里親のメリット

親族里親とは何か？

　親族里親は、受け入れる予定の子どもと以前からつながりがあります。たいていは子どもの親戚ですが、その子と接している人物である場合もあります。祖父母が親族里親になるケースも多い一方、年の離れた兄や姉が里親になることもあります。

　親族里親は、社会的養護のもとにいる子どものケアに大きく寄与します。そのため、公的機関は必ず、本人の最善の利益にならない場合を除いて、社会的養護を受ける子どもを親族のもとに委託しようと努めます。

　子どもが実親と一緒に暮らせない場合であっても、親族が育てれば、ヘリテイジ（受け継いだもの）に触れさせることで連続性を保てます。子ども本人とまったく面識がなく、その子や実家族についてあまり知らない里親と暮らすよりも、親族と暮らすほうがよいこともあります。

第**7**章

親族里親は、どこが違うのか？

　もしあなたが*The Skills to Foster*トレーニングに混成チームとして参加した場合、自分は他の参加者と状況が違うと感じるかもしれません。多くの参加者は、ずっと前から里親になることを検討し、家族に相談し、里親に関する情報を調べて、この制度に応募することを選んでいるはずです。

　それに対して、親族里親に応募する人はほとんどの場合、家族の危機がきっかけになっていて、里親養育にまつわる問題をじっくり検討する暇もなく、子どもを受け入れることになりがちです。そのため、何もかもが慌しく進みます。一度に大量の情報を消化しなければならないうえ、委託が必要な子どもを家族の一員として受け入れるという、大変な問題が加わります。

　他方で、親族里親は、最初から特定の子どもの養育を目的としてアセスメントを受けます。したがって、トレーニングの際に、自分はどんな子どもを迎えることになるのかと想像をめぐらせる必要がないという、強みもあります。あなたの場合には、その子を思い浮かべればよいのです。エクササイズに取り組むときや、子どものニーズを話し合うときには、これが役立つでしょう。すでに実際に子どもの面倒を見ているケースもあるかもしれません。その場合、トレーニンググループの他の参加者に、他人の子どもを養育するのが実際にはどういうものか、あなた自身の体験を話して聞かせることもできます。ただし、子どものニーズは一人ひとり異なるため、里親全員が同じ問題に向き合うわけではない点に、注意しましょう。

　ときには、親族里親という役割の難しさを感じるかもしれません。けれど、実家族を取り巻くネットワークのなかで、子どもを守る手助けをしていることに、やりがいも感じるでしょう。もちろん、あなたを困らせる問題も出てくるはずです。グループワークでは十分な時間がとれない場合、アセスメントを担当する里親担当者に悩みを相談してみてください。

> 親族里親という役割の難しさを感じるかもしれません。けれど、実家族を取り巻くネットワークのなかで、子どもを守る手助けをしていることに、やりがいも感じるでしょう。

　いろいろと思い悩むのは当たり前です（次ページを参照）。そうした感情を抱くのは無理もないことです。アセスメントを担当する里親担当者と話し合いましょう。他の家族、たとえば実子など、あなたが里親になることによって一番大きな影響を受ける相手に相談するのも、効果的かもしれません。あなたの実子も、あなたが里親になることに不安を感じていることがあります——あるいは、今すぐか将来かわかりませんが、実子があなたを支えてくれるかもしれません。

　調査によると、さまざまな葛藤はあるものの、子どもを養育することで、苦労や難題を埋め合わせるだけの見返りが得られることが多いとわかっています。ある調査では、親族里親は、子どもの受け入れがいろいろな形で影響を及ぼしたと答えた一方で、里子自身は、委託に対する大きな安心感や里親への信頼を抱いていました（Hunt et al, 2008）。

里親の役割

　The Skills to Foster トレーニングのセッション1では、子どもが社会的養護を受ける理由と、どうすれば里親が子どもの人生に違いを生み出せるかを扱いました。

　あなたはおそらく、自分が里親として養育する子どもも、社会的養護のもとにいる他の子どもと似通った環境にあることに気づくでしょう。そう考えると、つらくなるかもしれません。もっと早く助けてあげられなかったことに罪悪感を抱いたり、その子の安全を守れなかった実親への怒りを感じたりするかもしれません。

　親族里親は、自分がその子の環境について何も知らなかったという事実を突きつけられます。里親になると、思いもかけないことやショッキングな事実を告げられることもあります。大切なのは、安全基地（第4章参照）を用意することによって、その子をどんなふうに助けられるか、考えることです。安全で思いやりある秩序立った環境を与えることで、子どもは安心感や所属感を抱けます。親戚の輪のなかでそうした実感を得られることには、数多くのメリットがありますが、養育者にとっては大変な難題でもあります。

こんなことに不安を感じるかも……

- 子どもの両親との関係性（とくに、どちらかの親があなたの息子や娘、または、それ以外の身近な家族である場合）。
- あなたがその子の里親になることによって、家族や親族全体のなかで生じる問題。
- 子どもを受け入れたために、自分の仕事や趣味、好きな活動をあきらめなければならない。
- 老後の計画を延期しなければならない。
- あなた自身の健康状態。元気いっぱいの小さな子どもを世話するだけの体力があるか。
- お金の問題。経済的にどんな支援を受けられるか。
- もう一人子どもを受け入れるだけのスペースが、家のなかにあるか。
- とくにある程度大きくなってから、子どもの行動をきちんと管理できるか。
- 学校の仕組みを理解し、先生とやりとりしたり子どもの宿題を手伝ったりできるか。
- 子どもを養育するのは果たして正しい判断なのか。自分が年をとってからなど、長い目で見たときの影響をじっくり考えたか。

親族里親は、祖父母や姉であると同時に里親でもあるなど、二つの役割に対応しなければなりません。このことが、子どもと親族里親どちらにとっても、難しい場合もあります。あなたが子どもの祖父（祖母）である場合など、里親が、子どもの実親と近い関係であることには、長所もあれば短所もあります。子どもがおかれた環境やその子のニーズはよく理解できるかもしれませんが、役割が二つあるせいで、里親としての役割を果たしにくくなる場合もあります。あなたがサポートを受けたほうがよい分野はないか、考えておきましょう。

安全で思いやりある秩序立った環境を与えることで、子どもは安心感や所属感を抱けます。

秘密を守る方法も考えておく必要があります。あなた自身も家族の一員である場合、これが非常に難しいかもしれません。とはいえ、子どもを守り養護することを何よりも優先させてください。

アイデンティティとライフチャンス

トレーニングのセッション2では、子どものアイデンティティの重要性について考え、差別が与える影響を見ていきます。もしあなたが子どもの親戚であれば、こうした問題のいくつかを、まさに自分事として捉えるかもしれません。里親になった動機の一つとして、この子に自分より良い人生のスタートを切らせたいという思いもあるでしょう。このセッションでいろいろな感情に揺さぶられるのも、不思議ではありません。自分の不安や感情を正直に口にしてかまいません。

大切なのは、里親がもつさまざまな資質が調和していることです。親族里親は、子どもの育ち方や受け継いだ伝統をよく理解しているため、その子のアイデンティティの確立を促すうえでは適任なのです。

まわりと協力する

トレーニングのセッション3で学ぶように、里親は、子どもを取り巻くチームの重要な一員です。あなたが里親であると同時に、子どもの親戚でもある場合、そちらへの義理も立てねばと感じてしまうため、事態が複雑に思えるかもしれません。とはいえ、どんなときでも子どもにとっ

て何が最善かを優先して取り組まなければいけません。

　里親は全員、自立支援計画の作成に協力することを求められます。親族里親の場合、これが新たな問題を生むことがあります。子どもを実親のもとに戻すべきだという提案がなされ、里親自身はこの提案に賛成できないけれども、家族の一員として計画に関わらざるをえない場合、強烈な感情が呼び起こされることがあります。

　あなた自身の経験や過去の経緯から、子どもの安全を守る方法を客観的な視点で考えるのが難しい場合もあるでしょう。それでも、何か問題があれば里親担当者に相談し、子どもが対立に巻き込まれないようにしなければなりません。

　あなたと子どもの親との関係性のせいで、秘密を守るのに苦労するかもしれません。たとえば、実親に不利に働くおそれがある情報を、里親担当者に打ち明けることに抵抗を感じる場合もあります。この問題についてはアセスメントで話し合いますが、あなたがたとえ身近な家族の一員であっても、里親として明確な責任を担っていることを、実親に理解してもらいましょう。

　親族里親が最も苦労しがちな問題は、子どもと実親との交流です。あなた自身が、自立支援計画で決められた以上に交流回数を増やすべきだと考えたり、実親の言動を踏まえて、こんな親と交流させる必要なんてないと腹を立てたり、あるいは実親から、内緒で子どもに会わせてくれと迫られたりするかもしれません。

> **親族里親が最も苦労しがちな問題は、子どもと実親との交流です。**

　あなたの気持ちについて、アセスメントを担当する里親担当者と話し合い、必要があれば助けを求めるようにします。里親担当者の力を借りれば、どんなときにも子どもの視点から交流を捉えられます。たとえ子どもにとって大切な相手であっても、あなたがよく思わない人もいるかもしれません。あなた自身は、実母の新しいパートナーとうまくつき合えないけれど、子どもはその人が大好きという場合も、あるでしょう。子どものために、自分の感情を抑える方法を見つける必要があります。

　本書では、「交流の支援に役立つリソース」を作成しました。この資料は、里親担当者などのサポートを受けなければ対応できない相手は誰なのか、あなたが判断する際に役立つかもしれません。セッション3で、トレーナーからコピーをもらっている人もいるでしょう。里親担当者と一緒に、この資料に沿って確認することもできます。使い方を説明するため、184ページに記入例を紹介しています。

祖父母は、
里親になっても
これまで通り
子どもの祖父や祖母であり続けます。
けれど、
まったく新たな責任も
担うことになります。

　記録をつけるのも、親族里親にとって難しいことかもしれません。自分の孫の様子を記録するというのは、普通の家庭ではまずしないことです。けれど、子どもの暮らしぶりを知って自立支援計画の参考にするうえでは、重要な情報になるかもしれません。

　親族里親全員が、こうした問題を抱えているわけではありませんが、もしあなたが悩んでいるなら、苦労しているのはあなただけではないと知っておくとよいでしょう。里親に認定されれば、里親担当者からアドバイスを受け、サポートしてもらえます。

子どもを理解し養育する

　これから養育する子どもとあなたの間に、すでにアタッチメントが形成されていても、アタッチメント理論や、分離と喪失が与える影響を理解しておくことは、やはり大切です。これらについては、トレーニングのセッション4で扱います。

　親族里親は、もとから関係性があるため、安全基地を用意して子どものレジリエンスを高めるうえで（詳しい方法は第4章参照）、他の里親よりも有利なスタートを切れることが多いものです。すでに子どもを養育している場合、あなたの経験をトレーニンググループの参加者に伝えられるでしょう。そうすれば、他のメンバーが、他人の子どもを養育する難しさを理解する参考になるかもしれません。

　自分の子育て自体はかなり前に終わっていて、今は孫の面倒を見ている場合もあるでしょう。子どもの発達や育児法に関わる常識が昔とは違うことに、注意してください。今どきのやり方を学ばねばならないこともあります。体罰に頼らず問題行動に対処するなど、里親に求められるケアの基準も、変化しています。

　過去につらい体験をした子どもの養育をするのは、たとえ親族であっても、簡単なことではありません。親族里親も、他の養育者と同じように、子どもの問題行動と向き合っています。あなた自身が実子との関係に苦労してこなかった場合、子どもの態度に驚くかもしれません。

　親族里親からは、いったん里親家庭に落ち着いて関係性が安定すると、子どもの態度がよくなった、という報告が多く聞かれます。5歳の孫を育てるある祖母は、こう語りました。

第**7**章

> 「あの子がうちに来た当初は、ひどい状態でした。食事もとれず、発達が１年遅れていたんです。今では安定して、すっかり良くなりました。しゃべれるようになったし、問題もまったくありません。学校の勉強もよくできて、何でも楽々とやってのけますよ」
>
> Grandparents Plus, 2013

ティーンエイジャーの孫娘を育てる祖父は、こう語っています。

> 「うちに来たときは、大声で叫ぶばかりで、言葉のやりとりができなかった。当時は１歳半でした。今は見違えるようだ。可愛らしい普通の子どもで、いつもペチャクチャおしゃべりしている」
>
> Grandparents Plus, 2013

年配の親族里親のなかには、子育てのおかげで元気でいられると言う人もいます。

> 「孫を受け入れることには、いい面もある。自分も若返るし、元気でいられるよ」
>
> Grandparents Plus, 2013

安全な養育

　すでに親密で愛情ある関係を築いている子どもを養育する場合でも、セッション５を通して、虐待とネグレクトが子どもに与える影響を学ぶことによって、家族の関係に対する見方が変わり、子どもの過去への理解を深められるかもしれません。その結果として、あなたが驚いたりショックを受けたりする可能性もあります。

　親族里親の最大の課題の一つは、あなたが親戚だからといって、子どもの安全に加えて、あなた自身の身を守る方法を考えなくてよいわけではないということです。

　すでに子どもを養育している場合には、里親という役割を担うにあたって、あなたのアプローチを見直して、行動を変える必要があるかもしれません。子ども、実親、あなたの実子、それ以外の家族のメンバーが、こうした事情をなかなか理解できない場合もあります。

　里親としての関係と、プライベートな関係とのバランスをとるのが、非常に難しいこともあります。サポートしてもらう方法がないか、アセスメントを担当する里親担当者に相談してみましょう。あなたに期待される役割と、あなたをサポートしてくれる人を明確に定めます。あなた自身は、祖父、祖母として愛情をもって孫の世話をするだけで満足であっても、法律やフォスタリング機関や児童相談所の方針と手続きに従わねばなりません。

移　行

　トレーニングのセッション6では、子どもが迫られる移行と、それが関係者全員に与える影響を扱いました。あなたの場合は、特定の子どもを養育する資格があるかどうかが評価の対象になるため、アセスメントには、その子とあなたの「マッチング」の手続きが含まれます。

　とはいえ、たとえ親族里親と一緒に暮らすことになっても、子どもが移行を経験することに変わりありません。あなたはもう、その子のことをすべて知っていると思い込まないよう注意しましょう。ときには、重要な事実にあなたが気づいていなかったり、その事実を隠されている場合もあるからです。

　社会的養護を受ける前からその子の面倒を見ていたなどの理由で、里親アセスメントの対象となる子どもとすでに一緒に暮らしている場合、その子の移行は、新たな家庭への転居ではなく、養育者の役割の変化に関わるものになります。

　たとえば祖父母が親族里親になる場合、里親になっても、今までと変わらずその子の祖父、祖母であり続けます。ただし、まったく新たな責任を担い、子どもの自立支援計画の作成に関わり、その子を支えるチームのメンバーと協力することになります。子どもも大人も、この変化に混乱する可能性があります。あなたが折に触れて促すことで、子どもに役割の変化に気づかせる必要があるかもしれません。

　親族里親への委託が、家族関係を歪めるおそれもあります。子どもが強制的に実親から引き離される場合、とくに家族の人間関係が難しくなりがちです。たとえば、子ども自身は監督がなければ実親と会えないのに、家族の他のメンバーにはそうした制約はなかったりします。

　何らかの理由で、子どもが別の委託先・入所先に移る準備をする場合は、さらにつらいかもしれません。委託の中止は、親族里親にひときわ強い感情をもたらす可能性があります。里親は引き続き養育したいと願っているのに、公的機関が子どもの最善の利益にならないと判断した場合

には、なおさらです。

実　子

　あなたに実子がいるなら、里親になることが彼らの生活に与える影響を、忘れてはいけません。まだ同居している場合には、とくに注意が必要です。すべてが急に決まるせいで、あなた自身も実子のことを忘れがちになり、実子にほとんど（またはまったく）相談しないまま、里親になってほしいと頼まれたケースもあるかもしれません。そのせいで実子は、無理やり里親を引き受けさせられたと感じるかもしれません。逆に、子どもと一緒に暮らすのを心待ちにしていることもあるでしょう。どう感じるにせよ、実子は本気で反対しにくいはずです。反対すれば、甥や姪、いとこといった身近な子どもを、見捨てることになるからです。

　親族里親と、子どもの実親との関係が結果的にこじれてしまうのと同じように、里親と実子の関係も一筋縄ではいきません。実子の年齢によっては、あなたが里親養育のアセスメントを受ける理由や、その子が社会的養護のもとにおかれ、実親ともう一緒に暮らせないことをなかなか理解できないかもしれません。

　守秘義務や安全な養育といった考え方を、実子が理解できないこともあります。彼らから見れば、単に親戚の子が、しばらくうちに泊まるだけのことなのです。親族里親の場合、相手の家族への気遣いから、普通の里親家庭と比べて、子どもが社会的養護を受ける理由を実子に詳しく教えないこともあります。

　子どもと実親の交流が制限されている場合、それが、実子に混乱や不安を引き起こす可能性もあります。おそらく里親の実子は、里親委託されている子どもが交流を制限されている相手と自由に会ってかまわないからです。あるいは、里親であるあなたが心配して、自分の子がその相手に会うのを止めているかもしれません。あなたの実子は、その子が里親養育を受けることの意味を理解できず、この子はただ単に自分のいとこだと思っているかもしれません。

最後に、サリーからひと言……

　親族里親を務めた里親の経験を、次に紹介します。彼女の言葉が、あなたの励みになるよう願っています。

　サリーは、パートナーのデイブとともに、親戚の子ども２人を里親として養育しています。彼女はこう語っています。「まず毎日の日課を作るのに苦労しました。自分が里親だという実感はなく、本当の子どもだと思って接しました。でも、何もかもくまなく知っておく必要がありました」。サリーは、熱心にトレーニングを受けています。担当の児童福祉司は「とてもいい人」で、子どものアドバイザーとして「いつでも電話で相談に乗ってくれる——いろいろ助けてくれる」と言っています。子どもは２人ともすっかり落ち着き、順調に成長しています。

交流の支援に役立つリソース

　親族里親が最も苦労する領域の一つは、実親との交流を管理することです。このリソースが、大変な関係性への対応を考えるヒントになるかもしれません。

　ここではカイルという架空の子どもを例にとって、ツールの記入例を示します。コースリーダーが配る資料に、実際に記入する際の使い方が載っています。あわせて、あなたが記入できるよう、白紙の図と表も配られます。

　この例では、父方の祖父母が孫のカイルを子どもに迎えています。

　カイルは、実母、そのパートナーと娘（カイルの義理の妹）と一緒に仲良く暮らしていましたが、大人２人の生活スタイルに伴う危険から、子どもたちは社会的養護を受けることになりました。

　カイルの義理の妹は、彼女の父方の祖父母のもとで暮らす予定です。母方の祖父母は、健康上の理由から子どもの面倒を見られません。

　カイルの父方の祖父母は、自分たちの息子（つまりカイルの父親）を支援していますが、父親とカイルの関係はうまくいっていません。祖父母は、カイルの母親とはそれなりに良い関係を築けていますが、母親の新しいパートナーとは大きな問題を抱えています。

　カイルを担当する児童福祉司は、父方の祖父母が里親申請することに反対してきました。父方の祖父母は、母親の新しいパートナーと折り合いが悪いことを理由にして、孫とあまり交流せず、孫を守るため今まで何の行動も起こしてこなかったからです。

父方の祖父母は、カイルと一緒に下の図を記入しました。その後、この図の内容に基づき、後で示す表も記入しました。

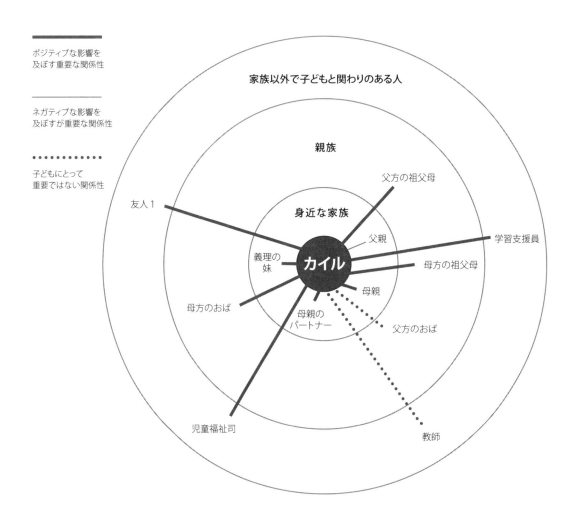

子どもとの関係性を示す図に記載された名称	子どもから見た関係性（交流の頻度を含む）	あなたから見た関係性。あなたとしては、交流をサポートしやすいか、それともサポートは難しいか。	コメント：それが里親としてどんな意味をもつか？　子どもとその人の関係を調整するため、具体的なサポートが必要か？（サポート計画を作成するため、子どもの担当児童福祉司や里親担当ソーシャルワーカーと話し合う）
身近な家族			
父親	（飲酒のせいで）これまで暴力を振るい、予測のつかない振る舞いを見せてきた父親に、カイルは失望している。監督つきでのみ交流できる。	わが子として寄り添い、支援してきた。今後も、制限された監督つきの交流しかできないことが課題になっている。	カイルの安全を守るために、息子をサポートする方法を変える必要がある。
母親	母親と仲がよく、母親が大丈夫か心配している。月1回の交流。	母親との関係は良好。現在のパートナーが関わらない限り、交流を調整できるだろう。	母親との関係はうまく調整できるが、母親のパートナーも交流に関わる場合にはサポートが必要。
母親のパートナー	義理の父親と仲がよい。交流は制限されていないが、母親との月1回の交流の際に顔を合わせるのみ。	母親のパートナーとの関係は非常に悪い。	交流を調整するため、手助けが必要。
義理の妹	義理の妹とは仲がよい。義理の妹は今後、父方の祖父母と暮らすことになる。きょうだいとして、月1回交流している。	義理の妹のことはよく知らないが、彼女やその里親と関係を築いていきたい。	義理の妹やその里親と関係を築くために、サポートが必要かもしれない。
親族			
父方の祖父母（カイルの里親）	幼い頃は身近な存在だったが、最近まではあまり会っていない。現在一緒に暮らしている。	カイルが幼い頃は身近な存在だったが、最近はあまり会っていない。関係性を築くため精一杯努力している。	関係性を築き、カイルの行動を良い方向に変えるサポートを行うために、優れた導入計画を必要としている。
母方の祖母	カイルは、母方の祖母ととても仲がよい。月3回交流している。	私たちの息子（カイルの父親）を一方的に悪者と決めつけている印象がある。うまくつきあえた試しがない。	関係を修復するために、サポートが必要。最初は、母方の祖父が橋渡し役になってくれるのでは？
母方の祖父	カイルは、母方の祖父と仲がよい。月3回交流している。	母方の祖父との関係は良好。	母方のおばも、私たちが母方の祖父母と関係を築くための橋渡し役になってくれるかもしれない。
母方のおば	カイルは母方のおばと仲がよく、おばはカイルの養育を手伝ってくれた。月3回交流している。	母方のおばとの関係は良好。	

父方のおば	自分を養育することに父方のおばが反対していることを、カイル自身も感づいている。非公式な交流がある。	娘はめったに訪ねてこないが、私たちがカイルを養育することに反対している。娘がこの事実を受け入れられなければ、問題かもしれない。	この問題に対応し、私たちがカイルを養育する理由を娘に理解させるためにサポートが必要かもしれない。娘にも応援してもらいたい。
家族以外で子どもと関わりのある人			
教師	カイルは、教師にあまりなついていない。カイルの行動が、学校でトラブルを生むかもしれない。	教師との関係を心配している。私たち自身も、学校では苦労したからだ。	教師との関係に自信をもてるようになるため、サポートが必要。
学習支援員	関係は良好で、フルタイムでサポートを受けている。	学習支援員にはあまり気後れせず接することができる。彼女が、カイルの成長にとって重要な存在だと理解している。	里親の教育面での役割を理解し、実行するために、サポートが必要。
友人1	仲良し。	私たちも気に入っている。	問題ない。これからも応援していく。
子どもを担当する児童福祉司	児童福祉司との関係は良好で、定期的にカイルと面談している。	児童福祉司は、最初は今回の委託に反対していた。そのため多少は苦労したが、今後も彼女がカイルを担当する以上、協力していく必要がある。	前向きに協働できるよう取り組むが、隔たりを埋めて互いの理解を深めるために手助けが必要。

振り返りと結び

「里親になったことで、
自分について、
人生について、
人間について、
たくさんのことを学びました……
本当にたくさんのことを
教えられるんです」

里親
(The Fostering Network, 2013)

はじめに

　The Skills to Foster トレーニングを終えるにあたり、振り返りのセッションでこれまでの学びを復習し、フィードバックを交換し、トレーニングコースの評価を行い、あなたがここまでやり遂げたことを喜びたいと思います。

　この短い章では、トレーニングコースとハンドブックで学んだことを、簡単に振り返り、未来に向かいたいと思います。あなたが認定された里親として、刺激とやりがいに満ちた道のりを歩み始めますように期待します。

The Skills to Foster：まとめ

　The Skills to Foster トレーニングの最初のセッションでは、以下をコースの目的として掲げました。

　The Skills to Foster では、里親という営みを始めるにあたって、
- 里親になるとはどういうことなのか、説明を受けます。
- 里親になることが、あなたのご家族とライフスタイルにどう影響するかを考えます。
- 里親になることが、あなたとご家族にとって適切かどうかを判断できるようになります。
- 里親になるにあたって、身につけるべきスキルと知識を学びます。
- よい里親養育が子どもの人生にもたらす変化を理解します。

　あなたはこのコースを修了し、ハンドブックを最後まで読み通しました。以上の目的が達成されたと、あなたが感じていることを期待します。

　また里親の仕事とそのやり方について多くを学び、一人ひとりの子どもに個性、スキル、能力があると同時に、その子がもたらしうる困難もあることを学んできました。

　多くの理論や知識も学びました。たとえばアタッチメントについて、子どもに安全基地を提供することやレジリエンスの形成を支援することについて、リスクとチャンスにあふれる今日の世界での安全な養育について、過去の体験が子どもの行動に与える影響について学んできました。

このトレーニングコースとハンドブックが、里親としての日々の生活で、知識を実践に活かすために役立つことを願います。また不安と弱さを抱える子どもがもたらす難題を乗り越え、何より、子どもが潜在能力を発揮して成長するための一助となることを期待します。

準備はできましたか？

The Skills to Foster トレーニングでは一貫して、あなた自身について、あなたの家族について、そして里親になることによる生活の変化について、熟考することを求めてきました。

里親になる準備はできましたか。以下の質問について、あなたの答えを考えてください。
- 子どもの年齢や養育期間などどのタイプの里親養育を引き受けるか、はっきりしましたか。
- あなたの生活には、子どもを迎える余地がありますか。
   物理的な面　　　　　設備
   精神的な面　　　　　自分のニーズと家族のニーズを考慮してください。
   社会的な面　　　　　家族や友人からのサポートはどうでしょうか。
   知識の面　子どもへの期待が大きすぎる、または小さすぎるリスクはありませんか。
- 必要な時間とエネルギーがありますか。
- 関係者と協力したいと心から思っていますか。
   子どもの実親
   子どもを担当する児童福祉司
   里親担当ソーシャルワーカー
   子どもへの責任がある公的機関
   子どもを取り巻くチームの専門職
- お子さんがいない人の場合：これから迎える子どもが、あなたの家庭を混乱させたり、受け入れがたいほど生活を変えてしまうでしょうか？
- お子さんがいる人の場合：実子は、家庭にもう一人の子どもを迎えることを、本当に理解し受け入れているでしょうか。
- 提供されたトレーニングや支援を活用しましたか。十分でしたか。十分でない場合、フォスタリング機関や児童相談所とその問題について話し合いましたか。
- 里親委託におけるあなたと他の関係者の役割の範囲を、明確に理解していますか。
- 問題が手に負えなくなる前に、必要に応じて助けを求めることができますか。
- どのタイプの委託を引き受けられますか、どの年齢の子どもの養育が自分に適しているかを考えましたか。またその理由は何でしょうか。

次のステップは？

　里親になる準備はできましたか。ここまでよく努力されました、素晴らしいです！　あなたとご家族、そしてあなたの専門知識と養育の恩恵を受ける子どもにとって、素敵な、実り多い道のりの最初のステップです。

　ただしあなたの学びは *The Skills to Foster* で終わらないことを忘れないでください。このトレーニングコースとハンドブック全体を通して、私たちは里親にとってのトレーニングと能力開発がどれだけ大切かを強調してきました。ご利用のフォスタリング機関や児童相談所は、里親をしているときに利用できるトレーニングを用意しているでしょうし、他の団体も、参考文献や他のリソースを豊富にそろえているところもあります。

　私たちは、里親への支援の重要性についても強調してきました。自宅で24時間、子どもの養育にあたるのは、負担の大きい、ときには孤独な仕事でもあります。ぜひ里親の支援グループを活用し、さまざまな団体が提供する支援を調べ、家族や友人と話し合ってください。また、あなたのお子さん（実子）のための支援もあることを忘れないでください。

「家は安心できるところ。
安全地帯みたいに。
何があっても大丈夫。
家に帰れば、
大切にしてくれる人がいるから」
子ども（10代）
(The Care Inquiry, 2013b)

監訳者あとがき

　2016年児童福祉法改正により家庭養育優先原則が明示され、2020年度より都道府県社会的養育推進計画に基づいて養育の質を担保しながら里親委託が推進されることになりました。これから社会的養護の主軸となっていく里親養育については、新たな役割の認識や覚悟が必要とされます。里親と支援者は、子どもの権利に根差して、代替養育における子どもの健やかな育ちを目指しながら、パーマネンシー保障における役割も担っていることに常に留意しなければなりません。

　2022年児童福祉法改正は「一緒に生きてくれる人が見つかる場所であってほしい」「親を助けて欲しかった」という子どもの声に応えられる里親養育を後押しするものです。家庭維持・予防的対応としての里親ショートステイや委託後の家族交流、家族関係再構築支援について、里親養育の中でも担うことが期待され、2024年度からは新たに里親支援センターとしての支援も始まります。里親のリクルート、認定前研修、アセスメント、登録後・委託後研修、委託中や委託解除後の支援、家族交流・関係再構築支援、自立支援、実子支援など、これまでの方法では対応が難しい状況が増えています。これまでなかった積極的なリクルートが実施されることで、問い合わせ件数が増え、それに合わせた研修やアセスメントが必要とされ、認定審査会の回数や方法についても検討が必要な状況が生じています。里親養育支援に関わる専門職養成研修やスーパーバイズだけでなく、支援者が里親に実施する新たな研修やプログラムも必要とされています。

　スキル・トゥ・フォスターは、本書冒頭で説明されているとおり、英国における里親認定前研修として広く使用されてきたプログラムです。2003年に出版された原書初版が『里親になる人のためのワークブック』として2011年に明石書店より翻訳出版された後、原書は2003年に第2版、2014年に第3版として内容を更新・追加して出版されています。本書は原書第3版里親用ハンドブックの日本語版です。

　内容としてはアドボカシー、家族との交流、実子への配慮、親族里親の特別なニーズ、子どもと里親双方にとって安全な養育、家庭復帰・養子縁組・自立など子どもの移行等について具体的な理解を深めるものとなっています。実際のセッションではグループでのディスカッションやロールプレイなどを通して、子どもや他の関係者の立場になって考え、養育者自身の振り返りもあり、参加者の感情を刺激し具体的な理解を深められるよう構成されています。実際に子どもが委託されることについて、具体的に想像し家族とも話し合い、里親になることの意味をそれぞれが考えることにつなげられるプログラムとなっています。

　また、複雑なニーズを持つ子どもの理解と対応について、アタッチメント理論や社会的学習理論など、必要な考え方や知識も得られます。特にセッション1～4については、すでに日本に導入されているフォスタリングチェンジ・プログラムの開発者でもある、キャロライン・ベンゴ氏とキャシー・ブラッケビー氏が執筆を担当しており、フォスタリングチェンジに馴染みのある方にとっては、理解しやすい内容となっています。里親養育にとって重要なアタッチメントに関する基本的な考え方や知識についての説明がありますが、明石書店から邦訳出版されている『ア

タッチメント・ハンドブック――里親養育・養子縁組の支援』の内容がもとになっており、さらに理解を深めることができます。

　里親支援センターが動き始めようとしている今、このプログラムに対するニーズは高まっています。これまで各地で実施されてきた認定前研修は、社会的養護や里親制度、子どもの状況や権利、発達や健康、児童福祉、里親養育論などについて、座学中心で実施されてきましたが、今後里親に期待される新たな役割を考えると内容の追加や研修方法の検討が必要です。これまでの研修に加えてスキル・トゥ・フォスターを実施することで、里親希望者にとっては、委託される子どもや関係者の視点で里親養育の実際について知り、自身や家族に及ぼす影響についてより具体的に考えることができ、里親として子どもと生活するにあたって変わらなければならないことや、準備すべきことを理解する機会が得られます。また、支援者にとっては、これまであまり実施されなかったグループでの演習やディスカッション、ロールプレイなどを通して、チームとして協働していくにあたって、参加者それぞれの強みや対応すべき点について、より具体的に把握することが可能となります。実際、これからの里親養育を担う養育者を見つけるためには、リクルート、認定前研修、アセスメントをセットで検討する必要があり、今後それぞれのフォスタリング機関や里親支援センターの強みを生かした特色ある方法やプログラムが作られると考えます。その際、英国での経験から作成された本プログラムをもとに、実際に必要な研修内容を補うことで、より確実に新たなプログラムや方法につなげていくことができるでしょう。

　なお、スキル・トゥ・フォスターの実施にあたってはガイドブック冒頭に記載されているコースリーダー（トレーナーや里親経験者）が必要です。可能であれば英国のようにトレーナーのためのトレーニングを受講することが望ましいのですが、日本では実施できておらず準備を進めている状況です。

　本書出版には長い年月を要しましたが、早稲田大学社会的養育研究所のプロジェクトとして日本財団から助成を受けられたことで今回の出版が実現しました。子どもたちのために必要な支援を続けて下さる日本財団公益事業部子ども事業本部長の高橋恵理子氏と子ども支援チームの長谷川愛氏に格段の謝意を申し上げます。また、本書出版に向けて長期にわたって支えてくださった明石書店の深澤孝之氏、編集担当の伊得陽子氏、テキストの他に提示・配付資料も含めて翻訳をご担当いただいた森田由美氏、門脇陽子氏にも心より感謝申し上げます。さらに、日本での実施にあたっての留意点について話し合い、担当章の監訳も進めていただいた監訳チームの皆様、御園生直美氏、上村宏樹氏、藤林武史氏、山口敬子氏、三輪清子氏にも心よりお礼申し上げます。加えて、細かな確認作業を担っていただいた早稲田大学社会的養育研究所研究員の岩﨑美奈子氏、那須里絵氏、研究補助者の柘植桂子氏にも感謝申し上げます。最後に日本へのプログラム導入にあたってご対応いただいたフォスタリングネットワークの皆様、そして The Skills to Foster の作成にご尽力いただいた全ての関係者の皆様に心より感謝申し上げます。

　子どものために里親になろうと思われた方が、その思いを持ち続け、委託された子どもが「一緒にいてくれる人がここにいる」と思える里親になれるよう、里親とその支援者が最初に理解し

考えるべきことが詰まったこのスキル・トゥ・フォスターが、全国で活用されることを願っています。

監訳者を代表して

上 鹿 渡 和 宏

早稲田大学人間科学学術院

早稲田大学社会的養育研究所

■編者紹介

フォスタリングネットワーク（The Fostering Network）

　フォスタリング・ネットワークは、英国を代表するフォスタリング慈善団体であり、会員制組織である。里親養育を最善のものにするために、養育される子どもたちの生活に関わるあらゆる人々が集まって活動を行っている。

■執筆者紹介

キャロライン・ベンゴ（Caroline Bengo）、キャシー・ブラッケビー（Kathy Blackeby）

　共にフォスタリング・チェンジ・トレーニングセンター所属。里親を支援するソーシャルワーカーやその他の専門職を対象に、フォスタリング・チェンジ・プログラム（12週間の実践的子育てプログラム）のファシリテーターを養成するトレーニングを行っている。ふたりはソーシャルワーク領域の出身で、臨床専門家として、ロンドンのモーズレイ病院小児科の素行障害・養子縁組・里親養育チームで家族への支援にも携わっている。とくにメンタルヘルス専門職のスーパービジョンやトレーニングを行っている。
＊執筆担当：トレーニング・セッション1〜4およびハンドブックの第1〜4章。

ダグ・ローソン（Doug Lawson）

　児童福祉コンサルタントとして、フォスタリング機関で幅広く活動。フォスタリングネットワークで、さまざまな方針、実践、トレーニングの課題に取り組む。社会的養護のもとにいる子どもの里親養育とプラン作成についてのハンドブック、*All You Need to Know* シリーズの著者。フォスタリングネットワークのフォスタリング機関の品質保証支援パッケージの共著者でもある。
＊執筆担当：トレーニング・セッション6およびハンドブックの第6、7章。

ジル・バーン（Gill Barn）

　社会的養護のもとにいる子どもや若者の社会福祉の専門家およびプロジェクト・マネージャーとして地方公共団体に勤務し、少年司法にも携わってきた。少女や若い女性を担当するスペシャリストを指導し、育成してきた。里親審査部会の委員も務めた経験がある。
　最近では、子どもの権利と参加に取り組む非営利セクターで活動。現在、フリーランスのトレーナーおよびコンサルタントとして活動中。
＊執筆担当：トレーニング・セッション7。

ジャッキー・スレード（Jacky Slade）

　ソーシャルワークに長年携わり、法定セクターや非営利セクター、民間セクターで、児童養護施設、児童養護ソーシャルワーク、家庭委託サービスを経験。また養子縁組された若者にも、数年間、集中的に関わったことがある。
　フォスタリングネットワークでは地域コンサルタントとして活動し、フォスタリングネットワークの教育省後援による委託権限プロジェクトに貢献。*Safer Caring: a new approach* の著者。現在はフリーランスのコンサルタント。
＊執筆担当：トレーニング・セッション5とハンドブックの第5章。

ジュリー・パイバス（Julie Pybus）

　本書 *The Skills to Foster* の編集者。フォスタリングネットワークとは、過去12年にわたり緊密な協力関係にある。当初は *Foster Care* 誌の編集者として、最近では *Safer Caring: a new approach* や *Fostering in a Digital World: a common sense guide* など、里親向けの種々の書籍の編集者として活躍している。
　またフリーランスの編集者およびライターとして、非営利団体や社会的企業の出版物やウェブサイトの作成に協力。ガーディアン紙、オブザーバー紙、その他さまざまなメディアに寄稿している。

■監訳者紹介

上鹿渡 和宏（かみかど・かずひろ）

児童精神科医、博士（福祉社会学）。早稲田大学人間科学学術院 教授。早稲田大学社会的養育研究所 所長。日本子ども家庭福祉学会 理事、こども家庭審議会 委員。

［主な著書］

『アタッチメント・ハンドブック──里親養育・養子縁組の支援』（監訳、2022年、明石書店）、『中途からの養育・支援の実際──子どもの行動の理解と対応』（編集、2021年、明石書店）、『ルーマニアの遺棄された子どもたちの発達への影響と回復への取り組み──施設養育児への里親養育による早期介入研究（BEIP）からの警鐘』（監訳、2018年、福村出版）、『フォスタリングチェンジ──子どもとの関係を改善し問題行動に対応する里親トレーニングプログラム』（監訳、2017年、福村出版）など。

御園生 直美（みそのお・なおみ）

臨床心理士、公認心理師、博士（心理学）。白百合女子大学人間総合学部 講師。早稲田大学社会的養育研究所 客員研究員。NPO法人里親子支援のアン基金プロジェクト 理事。

［主な著書］

『アタッチメント・ハンドブック──里親養育・養子縁組の支援』（監訳、2022年、明石書店）、『中途からの養育・支援の実際──子どもの行動の理解と対応』（編集、2021年、明石書店）、『児童虐待における公認心理師の活動』（分担執筆、2021年、金剛出版）、『フォスタリングチェンジ──子どもとの関係を改善し問題行動に対応する里親トレーニングプログラム』（監訳、2017年、福村出版）など。

上村 宏樹（うえむら・こうじゅ）

早稲田大学社会的養育研究所 客員研究員。一般社団法人無憂樹 代表理事。立命館大学フォスタリング・ソーシャルワーク専門職講座 講師。

［主な著書］

『子どもの性的問題行動に対する治療介入──保護者と取り組むバウンダリー・プロジェクトによる支援の実際』（共訳、2019年、明石書店）、『はじめて学ぶ 発達心理学』（共著、2017年、大学図書出版）、『"共に生きる場"の発達臨床』（共著、2002年、ミネルヴァ書房）など。

藤林 武史（ふじばやし・たけし）

精神科医。西日本こども研修センターあかし センター長。日本子ども虐待防止学会 理事。こども家庭審議会児童虐待防止対策部会 委員。早稲田大学社会的養育研究所 招聘研究員。

［主な著書］

『児童相談所改革と協働の道のり──子どもの権利を中心とした福岡市モデル』（編著、2017年、明石書店）、『日本の児童相談所』（分担執筆、2022年、明石書店）など。

山口 敬子（やまぐち・けいこ）

京都府立大学公共政策学部福祉社会学科 准教授。早稲田大学社会的養育研究所 招聘研究員。

［主な論文］

「子ども家庭福祉におけるソーシャルワーク専門職の質的向上に関する一考察──イギリスにおける児童ソーシャルワーカーの質的向上に関する取り組みに着目して」（『福祉社会研究』23号、2023年）、「日本のフォスタリングに関する法規定についての一考察──イングランドの法規定に着目して」（『福祉社会研究』21号、2021年）、「民間団体『バナードス』の子育て支援機関・養子縁組支援団体およびフォスタリング機関の実践から見る日本の課題」（『養子縁組と里親の研究 新しい家族』64号、2021年）など。

三輪 清子（みわ・きよこ）

社会福祉士、保育士、博士（社会福祉学）。明治学院大学社会学部 准教授。

[主な著書]

『ネットワークによるフォスタリング』（共著、2021年、明石書店）、「里親家庭の『おわかれ』にかかわる3つの視角——子どもの利益をめぐって」（『福祉社会学研究』17巻、2020年）、「『里親の不足』の意味するもの——なぜ『里親は足りない』のか」（『福祉社会学研究』15巻、2018年）など。

■翻訳者紹介

森田 由美（もりた・ゆみ）

翻訳者。

[主な訳書]

『アタッチメント・ハンドブック——里親養育・養子縁組の支援』（共訳、2022年、明石書店）、『ギャンブルの何が問題なのか？——国際比較から見る公共政策アプローチ』（共訳、2021年、福村出版）など。

門脇 陽子（かどわき・ようこ）

翻訳者。

[主な訳書]

『アタッチメント・ハンドブック—里親養育・養子縁組の支援』（共訳、2022年、明石書店）、『ルーマニアの遺棄された子どもたちの発達への影響と回復への取り組み—施設養育児への里親養育による早期介入研究（BEIP）からの警鐘』（共訳、2018年、福村出版）など。

里親になるためのハンドブック
スキル・トゥ・フォスター【里親認定前研修・里親用】

2024年3月30日　初版第1刷発行

編　者　フォスタリングネットワーク
監訳者　上鹿渡和宏・御園生直美
　　　　上村宏樹・藤林武史
　　　　山口敬子・三輪清子
訳　者　森田由美・門脇陽子
発行者　大江道雅
発行所　株式会社 明石書店
〒101-0021　東京都千代田区外神田6-9-5
　　　　　　電話 03（5818）1171
　　　　　　FAX 03（5818）1174
　　　　　　振替 00100-7-24505
　　　　　　https://www.akashi.co.jp/
装丁　　　　　　谷川のりこ
印刷・製本　モリモト印刷株式会社

ISBN978-4-7503-5735-5
（定価はカバーに表示してあります）